AF210970

Georg Kastenbauer

Hinweise zum Glück

Philosophie

„Aufs Glücklichsein paßt das Glück ganz einfach
gar nicht auf."

Robert Walser

Der Autor: Georg Kastenbauer ist 1964 geboren. Er studierte Philosophie, Neuere Deutsche Literatur und Psychologie in München und Tübingen. Er veröffentlichte 1998 im Herbert Utz Verlag *Anwenden und Deuten. Kripkes Wittgensteininterpretation und die Goethezeit.* Er lebt in München.
E-Mail-Adresse: kastenbauer@gmx.de

Inhalt

Vorwort

Bevor ich meine *Hinweise zum Glück* gebe, werde ich im Vorhinein auf zwei typische Leserreaktionen eingehen, um einerseits vor ihnen zu warnen und andererseits meine *Intentionen* mit diesem Buch zu beschreiben.

Die erste Reaktion ist, meine Schrift – krass gesprochen – mit „So ein Unsinn!" zu quittieren. Denn in vieler Hinsicht widersprechen meine Darstellungen zum Glück den gängigen Anschauungen zu diesem Thema – zumindest im *Westen*.

Meine Antwort darauf ist: Mir geht es nicht darum, eine letztgültige Wahrheit zu vertreten. Das bedeutet auch: Ich werde – selbst wenn dies oberflächlich gesehen manchmal einen anderen Anschein hat – keine falschen Anschauungen zum Glück durch richtige *ersetzen*. Stattdessen würde es mich sehr freuen, wenn sich Leser auf meine Darstellungen einließen, um dadurch in einen *Zustand der Offenheit* zu geraten. Dieser Zustand ist nämlich gleichbedeutend mit Glück und bietet jedem, der ihn erfährt, neue Möglichkeiten für die Zukunft. Kurz: Ich *möchte* mit diesem Buch alte Strukturen aufbrechen, nicht neue Strukturen setzen, sondern jedem selbst die Möglichkeiten für Neues eröffnen.

Die zweite Reaktion ist scheinbar das Gegenteil der ersten, nämlich meine Schrift mit „Das weiß ich doch schon!" zu beantworten. Denn trotz meiner nicht-gängigen Anschauungen *erfinde auch ich das Rad nicht neu*. Es kann darum durchaus manchem so *scheinen*, als fänden sich bei berühmten Autoren der Philosophie und Psychologie gewisse Sachverhalte, die ich hier beschreibe, ähnlich dargestellt. Diesem stößt deshalb wahrscheinlich auch auf, dass ich meinen Anschauungen keinen wissenschaftlichen *Forschungsbericht* voranstelle und diese Anschauungen nicht durch Literaturhinweise auf jene berühmten Autoren absichere.[1]

Meine Antwort auf diese zweite potentielle Leserreaktion ist: Mir geht es darum, Sachverhalte so einfach wie möglich und so ausführlich wie nötig darzustellen, auch um gerade eine „Das weiß ich doch schon!"-Haltung aufzubrechen, weil auch sie das Gegenteil eines *Zustands der Offenheit* ist. Denn es geht mir hier nicht darum, Wissen zu vermitteln oder eine alte oder neue Wahrheit zu etablieren, sondern darum, intuitive Fähigkeiten zu aktivieren. Und dafür ist es unnötig, meine Anschauungen durch Verweise auf scheinbar gesichertes Wissen zu legitimieren, da diese Sicherheit nur Trug ist. Die genannten Fähigkeiten zeigen sich nämlich nur im jeweiligen Akt des Tuns und sind kein zu erwerbender Besitz an Wissen oder gar an Wahrheit.

Ich kann es nicht genug betonen: Dem *Zustand der Offenheit* gilt in diesem Buch die Aufmerksamkeit. Voreingenommene Ablehnungen führen aber nicht dahin. Da die beiden beschriebenen Reaktionen – obwohl sie so verschieden scheinen – sich aber genau in diesem Punkt treffen, sollte jeder Leser dieses Buchs diese beiden Arten der Ablehnung tunlichst vermeiden, wenn er mir tatsächlich in meinen Ausführungen folgen *will*.

Einleitung

Was ist Glück[2]? Dieser Frage werde ich in den folgenden 5 Kapiteln intensiv nachgehen.

Ich werde dabei Glück von subjektiven Gefühlen in unserem Inneren unterscheiden, die kommen und gehen, d. h. sehr schwankend sind. Denn Glück darf nicht mit einer Art von Empfindung gleichgesetzt werden, sondern ist ein *Zustand mitten im Akt des Tuns*, der auf der Ausbildung von intuitiven Fähigkeiten beruht.

Der Umstand, dass Glück nichts Subjektives ist, heißt aber nicht das Gegenteil, nämlich dass es etwas objektiv Messbares sei, z. B. auf einer Skala von Unlust- und Lusteinheiten oder Schmerz- und Freudeeinheiten. Wissenschaftliche Untersuchungen sind darum ebenso wie Definitionen des Glücks sinnlos. Glück ist nichts, worüber man Gewissheit erlangen könnte, und es lässt sich in keiner Weise legitimieren, auch nicht in politischer bzw. pragmatisch-utilitaristischer Form als „größtes Glück für alle".

Aber die Nichtlegitimierbarkeit von Glück bedeutet wiederum nicht, dass Glück etwas Zufälliges ist. Glück ist nämlich kein Ereignis, das von außen schicksalhaft über uns hereinbricht oder von x-beliebigen Entscheidungen abhängt. *Glück hat man darum nicht.* Wenn jemand ausruft: „Du hast aber Glück!", und sich damit auf einen Lottogewinn etc. bezieht, hat das nichts mit Glück zu tun!

Aber was ist Glück dann? Es darf in jedem Fall nicht automatisch als Gegenteil von Unglück angesehen werden. Denn diese Eigenschaft trifft z. B. auf Sachverhalte wie *Siegestriumph, Stolz beim Erfüllen einer Leistung, Lustgefühle, Euphorie beim Eintreten günstiger Ereignisse etc.* auch zu. Aber letztere sind lediglich *positive Gefühle.* Sie sind nicht mit dem Erleben von Glück identisch. Denn das Erleben von Glück ist im Gegensatz zu diesen Gefühlen nicht mit Machtinteressen verknüpft. Dies unterscheidet Glück sehr deutlich vom *Stolz beim Erfüllen einer Leistung etc.,* weil damit sehr deutlich Machtinteressen verbunden sind, die wir im privaten und/oder nicht-privaten Alltag verfolgen.

Sicher werden hier viele widersprechen und erwidern: Wir sind sehr wohl glücklich, wenn wir eine bestimmte Leistung erfüllen. Meine Antwort darauf ist, dass dies nur stimmt, wenn hier noch die Fähigkeit, sich zu öffnen, hinzukommt. Und diese Fähigkeit, sich zu öffnen, hat per se nichts mit der Erfüllung einer Leistung zu tun. Sie rührt vielmehr daher, dass die Betreffenden zu diesem Zeitpunkt auch *mitten in einem Akt des Tuns* sind und sich dadurch in einem Zustand des Glücks befinden. Vielen Menschen geht dieser Zugang zum Akt des Tuns aber leider ab. Es gehört für sie vielmehr zum Normalzustand, dass sie nach dem Erfüllen einer Leistung innerlich unausgefüllt statt glücklich sind. Es drängt sie darum sofort wieder, die nächste Leistung zu erbringen, weil sie auf diese Weise ihr Unausgefülltsein zumindest verdrängen können. Das Schlimme dabei ist nur: So sind und werden sie nie glücklich. Und obwohl sie das meist sogar wissen, klammern sie sich dennoch an dieses Lebensschema.

Die Fragen, die sich nun stellen, sind: Wie bekommen wir den Zugang zum Zustand des Glücks? Und warum ist Glück überhaupt ein Zustand? Was haben wir uns darunter vorzustellen? Welche anderen Zustände gibt es neben dem des Glücks?

Bevor ich diese Fragen beantworte, sei erst einmal klargestellt, dass es ein großer Unterschied ist, ob ich über Glück rede – wie ich es gerade mache – oder ob ich glücklich bin. Denn Glück ist im Endeffekt nicht beschreibbar, sondern nur erlebbar. Ich verkünde in diesem Buch darum keine Wahrheiten, sondern gebe Hinweise, und diese Hinweise haben nur eine Zeigefunktion und können bei niemandem eigenes Handeln ersetzen. Sie können nur den, der sich darauf einlässt, zum Glücklichsein hinführen.

Mit diesen Hinweisen verhält es sich darum ähnlich wie mit den Anweisungen und Tipps, die ein Klavierlehrer seinen Schülern gibt oder die Eltern ihren Kindern z. B. beim Gehen-, Essen-, Sprechenlernen geben. Und Ähnliches gilt natürlich für den Kontakt von Freunden oder Ehepartnern, die sich untereinander austauschen, um ihrem Gegenüber etwas von ihren Fähigkeiten zu vermitteln, weil dabei hierarchische Beziehungen keine Rolle spielen. Wichtig hingegen ist, dass der Lehrende wirklich die von ihm besprochenen Fähigkeiten in sich hat, aber auch, dass er diese Fähigkeiten anschaulich vermitteln kann. Jedoch zählt für den Lernenden im Endeffekt beides nicht, sondern nur der Umstand, ob er die Hinweise in intuitive Fähigkeiten bzw. in sein Tun umsetzen kann. Das bedeutet erstens: Niemand darf an Hinweisen kleben bleiben. Denn Hinweise sind wie die berühmte Wittgensteinsche Leiter: Wenn wir sie benutzt haben und damit oben angekommen sind, sollten wir sie wegwerfen können. Oft müssen wir das auch tun, um weiterzukommen und unsere Fähigkeiten besser zu erlernen. Denn da Fähigkeiten kein Besitz sind, sondern mehr mit einer Kunst zu tun haben, sind sie stets zu pflegen und weiter auszubilden. Und zweitens: Auch die besten Hinweise können umsonst sein. Meine Hinweise können also – auch wenn sie noch so vollkommen wären – nie ihre Umsetzung ersetzen. Umsetzen kann sie jeder Einzelne nur selbst. Das beinhaltet auch: Der eine setzt sie um, der andere nicht. Für den anderen sind vielleicht andere Hinweise angebrachter oder aber: Er will oder kann diese Kunst letztlich nicht erlernen. Für alle gilt jedoch: Ohne tägliche Übung wächst keine Fähigkeit. So wie niemand, der sich im Vom-Notenblatt-Klavierspielen übt, auf Anhieb – ohne jede vorherige Übung – eine vierstimmige Fuge vom Blatt lesen und spielen kann. Zuerst muss er *klein* anfangen: Notenlesen lernen, Klavierspielen lernen etc. Irgendwann wird er aber vielleicht diese Fähigkeiten so gut erlernt haben, dass er wirklich eine ihm vorher unbekannte vierstimmige Fuge spontan vom Notenblatt spielen kann. So zeigt sich in ihm, wie die Wahrnehmung[3] ohne Dazwischenkunft des Denkapparats direkt in die Aktivierung und Ausübung einer intuitiven Fähigkeit übergeht.

Es gibt beim Erlernen dieser Fähigkeiten natürlich oft „blocking points". Unbestritten lernt der eine schneller als der andere. Denn hier spielen Talent, das soziale Umfeld, das positive oder negative Rückmeldungen gibt, und noch vieles mehr eine große Rolle. Ein Hauptfehler beim Erlernen hat allerdings nichts mit Talent oder dergleichen zu tun, sondern mit der Einschätzung, was Fähigkeiten überhaupt sind. Ich habe schon bemerkt, dass Fähigkeiten kein Besitz sind, werde das aber noch ein wenig ausführen. Denn es ist entscheidend einzusehen, dass sich Fähigkeiten nur im Tun zeigen. Sonst kann sich niemand ihrer sicher sein. Es gibt darum auch kein Wissen von ihnen, das abgelöst vom Tun ist. Beide – Wissen und Tun – sind ein zusammengehörender Prozess. Wir haben erst ein Wissen über unsere Fähigkeiten, wenn wir sie ausüben und uns im Akt des Tuns befinden. Jedoch ist dieses Wissen im Tun nur implizit vorhanden, weil wir uns hier weder des Wissens noch des Tuns bewusst sind und damit auch kein Motiv haben. Wir können im Tun darum weder explizit wissen, wie wir etwas tun, noch, was wir genau tun. Wir tun einfach. Wir können nur im Nachhinein Hinweise darüber geben, wie ich das hier versuche. Die in unserer neuzeitlichen Homo-faber-Welt herkömmlich vorgenommene Trennung von Theorie und Praxis sowie von Subjekt und Objekt spaltet diesen zusammengehörenden Prozess darum missverständlicherweise auf, um diesen unkontrollierbaren Akt des Tuns, dem das Wissen inhärent ist, aus Machtinteresse kontrollierbar zu machen. Aber dies gelingt nicht. Das zeigt schon allein der Umstand, dass es keine Theorie gibt, die 1:1 in die Praxis umgesetzt werden kann. Das Entscheidende ist immer der Akt des Tuns. Die Fähigkeiten dafür können zwar ausgebildet werden, aber wir können uns ihrer nie sicher sein. Allein im Tun zeigt sich das zugehörige Wissen bzw. genauer: werden die aktuell ausgebildeten intuitiven Fähigkeiten offenbar. Fähigkeiten sind darum nie statisch, sondern verändern sich stetig. Denn nie ist ein Akt wie der andere. Jeder, der Klavier spielt, kennt darum die Erfahrung, dass man nie ein Stück zweimal identisch spielen kann. Einmal ist der *eine* Teil besser, einmal ein *anderer*. Jedoch aufgrund steter konzentrierter Übung hebt sich langsam das Gesamtniveau bzw. werden Fähigkeiten ausgebildet, obwohl man sich dessen nicht sicher sein kann, sondern es nur immer im Tun erfährt.

Auf das Glück bezogen heißt das: Auch hier sind Wissen und Tun genauso wie Theorie und Praxis nicht getrennt, sondern treten nur gemeinsam auf, in der Ausübung einer Fähigkeit – z. B. beim Essen oder Gehen –, wo wir uns *mittendrin* befinden. D. h. auch hier steht hinter dem Tun, hinter der Praxis kein bestimmtes Wissen bzw. keine bestimmte Theorie. Beide treten immer nur zusammen im Akt des Tuns auf. Wer hier trennt, verbindet Glück mit Machtinteressen oder – noch krasser gesprochen – verwechselt Glück mit Machtinteressen. Menschen mit diesen Ansichten setzen darum in ihrem Leben Schwerpunkte, die sich nicht mit dem Glücklichsein vertragen, obwohl sie ganz im Gegenteil meinen, so gerade das Glücklichsein zu erreichen.

Nachdem ich dies dargelegt habe, kann ich jetzt auf die aufgeworfenen Fragen zu sprechen kommen und darauf Antworten geben. Die Fragen waren: Wie bekommen wir den Zugang zum Zustand des Glücks? Und warum ist Glück überhaupt ein Zustand? Was haben wir uns darunter vorzustellen? Welche anderen Zustände gibt es neben dem des Glücks?

Meine (hinweisenden) Antworten darauf sind:

Wir verbringen unser Leben im Wesentlichen in drei Zuständen. Dabei ist „Zustand" vor allem eine Umschreibung unserer jeweiligen Beziehung zur Welt, genauer: ob wir zwischen uns und der Welt *trennen*, in einer *Einheit mit ihr verbunden* sind oder in einer *offenen Beziehung* mit ihr leben.

Der erste Zustand ist in unserer derzeitigen gesellschaftlichen Wirklichkeit der normale: Es ist der *Zustand der Trennungen*. So trennen wir hier nicht nur zwischen Ich und Welt, sondern auch zwischen Subjekt und Objekt, Theorie und

14

Praxis etc. Auch uns selbst trennen wir und sprechen von unserem „Innen" und „Außen". Fälschlicherweise halten wir diesen Zustand der Trennungen für die objektive Wirklichkeit. Wir tun so, als wäre dieser Zustand durch Objektivität, die wir mit Wahrheit gleichsetzen, ausgezeichnet, und verdrängen dabei, dass dieser Zustand vielmehr durch Trennungen ausgezeichnet ist. So ist z. B. jemand für uns noch nicht oder wenigstens nicht völlig verrückt, der unsere vermeintlich objektive Wirklichkeit verneint und durch eine andere *ersetzt* – schließlich kommt gerade so der Fortschritt in unserer Wirklichkeit zustande. Anders ausgedrückt: Wenn er nur andere Trennungen als die unsrigen vornimmt, aber immer noch trennt, kann er immer noch als *normal durchgehen*. Stattdessen gilt jemand, der nicht mehr zwischen sich und der Welt trennen kann, als verrückt. Wir *trennen* ihn deshalb von uns und schicken ihn in bestimmte Anstalten, worin sich eine Verknüpfung von Trennungs- und Machtinteresse zeigt.[4] Nur Kleinkindern, die die Begriffe „Ich" und „Welt" noch nicht richtig verwenden können, gestehen wir eine unkontrollierte Vermischung dieser beiden Ebenen zu. Kleinkinder dürfen so noch in einer ursprünglicheren Einheit ungestört leben, in die wir uns selbst alle so oft – wenn wir ehrlich sind – zurücksehnen.

Dabei ignorieren wir, dass auch wir noch immer zumindest zeitweise in Zuständen dieser ursprünglicheren Einheit leben – und zwar unbelangt vom Vorwurf, verrückt zu sein. Wenn wir z. B. in irgendeine Aufgabe vertieft sind, vergessen wir die so genannte Welt um uns herum und sogar uns selbst. Wir verschmelzen mit dieser Welt und *sind nur noch diese Aufgabe*. Dasselbe geschieht, wenn wir ein spannendes

Buch lesen oder einen spannenden Film sehen, um nur zwei andere Beispiele zu nennen. Dabei kümmern wir uns um keine äußere Zeit, sondern vergessen auch sie. Diesen zweiten Zustand, den *Zustand einer ursprünglicheren Einheit*, nennen wir fälschlicherweise die „subjektive Wirklichkeit". D. h. durch diese Benennung trennen wir diesen Zustand der ursprünglicheren Einheit doch wieder. Allerdings nehmen wir diese Trennung nicht in diesem zweiten Zustand, sondern im ersten Zustand vor. Denn im Zustand der ursprünglicheren Einheit kümmern wir uns auch um solche Benennungen nicht. *Wir sind hier die Welt.* Es gibt hier nichts außerhalb von uns. Aus der Perspektive des Zustands 1 bedeutet das: Wir haben in Zustand 2 das Gefühl von Allmacht.

Aber durch die Benennung „subjektive Wirklichkeit" zeigt sich, dass wir diesem zweiten Zustand in unserer gesellschaftlichen Wirklichkeit weniger Bedeutung zumessen als dem ersten. Anders ausgedrückt: Der erste Zustand ist für uns wahrer als der zweite. Aber nicht alle Gruppen der Gesellschaft sehen dies so, und deshalb spinnt sich ein scheinbar ewiger Streit zwischen Vernunftanhängern aufseiten des ersten Zustands und Romantizisten aufseiten des zweiten Zustands fort. Was beide Seiten aber übersehen, ist, dass es ihnen nur um die Setzung eines wahren Zustands geht bzw. um die Ersetzung des einen Zustands durch den anderen. Solange Menschen aber nur um Setzungen und Ersetzungen streiten, verfolgen sie Machtinteressen, wie ich unten noch zeigen werde.

Der dritte Zustand nun ist der *Zustand der Offenheit*, und damit der Zustand des Glücks. Er ist weder objektiv noch subjektiv, sondern beides gleichzeitig. Das bedeutet: Wenn wir uns in diesem Zustand befinden, trennen wir nicht zwischen uns und der Welt. Wir verschmelzen aber auch nicht mit der Welt, d. h. wir vergessen weder uns noch die Welt um uns herum noch die erlebte Zeit, sondern wir leben in einer offenen Beziehung mit ihnen. Dabei ist uns der Zustand der Trennungen und auch der Zustand der ursprünglicheren Einheit nicht fremd. M. a. W., uns ist hier intuitiv klar, dass es neben dem dritten Zustand auch noch die beiden anderen Zustände gibt. Wir sind darum auch nicht auf Wahrheit in Form von Gewissheit erpicht, sondern akzeptieren in diesem Zustand alles, wie es ist: die Welt, uns selbst und die anderen Menschen. Darüber hinaus leben wir – grob ausgedrückt – tatsächlich im *Hier und Jetzt*, denn wir befinden uns mitten im Akt eines Tuns. Allerdings können wir diesen Zustand im Endeffekt nicht mit Worten beschreiben, wie wir auch – siehe oben – kein explizites Wissen davon haben. Jeder kann diesen Zustand nur erfahren bzw. erleben. Ich erlebe diesen Zustand z. B. manchmal beim Hören von Musik, und zwar wenn ich nur noch staunend Musik höre – mich dabei aber nicht vergesse, sondern mich und alles um mich herum sehr genau wahrnehme. Auch im Erfahren der Nähe im Zusammensein mit Freunden oder in der Meditation entsteht dieser Zustand bei mir immer wieder.

Für diesen Zustand ist es also nicht notwendig, entweder allein oder mit anderen zusammen zu sein. Auch müssen wir dazu keiner bestimmten Weltanschauung anhängen. Es gibt überhaupt keine *bestimmten* bzw. *definitiv angebbaren* Voraussetzungen, die für das Erreichen dieses Zustands erfüllt sein müssen. Denn dieser Zustand ist vor allem durch Offenheit geprägt. Wir können auch statt von „Offenheit" von „Freiheit" sprechen. Denn dieser Zustand kann nicht bewusst herbeigeführt werden, sondern wir können für ihn nur bereit sein. Und Bereitsein heißt hier, *frei* von Machtinteressen (inklusive Allmachtsgefühlen) zu sein. Verfolgen wir in irgendeiner Form solche Interessen, verweigert sich der Zustand des Glücks.

Damit zeigt sich in diesem dritten Zustand nicht nur eine Antwort auf die Frage der „Freiheit wovon?", sondern gleichzeitig auch eine Antwort auf die Frage „Freiheit wozu?". Geht es in der „Freiheit wovon?" nämlich um Freiheit von Machtinteressen, geht es in der „Freiheit wozu?" einfach um das Glück. Allerdings darf Glück nicht als Ziel oder Zweck missverstanden werden, was gerade durch die Antwort auf die Frage „Freiheit wozu?" so aufgefasst werden könnte. Denn wir sind hier nicht frei, *um* glücklich zu sein, sondern der Zustand der Offenheit ist zugleich ein Zustand der Freiheit. Mit anderen Worten: Wenn wir in diesen Zustand geraten, sind wir sowohl frei als auch glücklich. Aber weder Freiheit, Glück noch Offenheit stehen in einer wie immer gearteten Ursache-Wirkung-Beziehung.

Die drei erwähnten Zustände laufen bei den meisten Menschen nicht isoliert voneinander ab, sondern treten immer in einer Mischung auf. Darum kann auch ein Mensch, der gerade Machtinteressen verfolgt, in geringem Maße einen Zugang zum Zustand des Glücks haben.

Wichtig ist dabei noch einzusehen, dass die drei erwähnten Zustände nichts Statisches sind, sondern etwas Zeitliches. Sie stehen für einen bestimmten Umgang mit Zeit. Genauer: dafür, wie wir die Zeit aus*stehen*. Denn Zeit meint hier nicht die so genannte objektive Uhrzeit oder die subjektiv empfundene Zeit, sondern das Leben in Rhythmen, die je nach Situation, mit der man sich gut, schlecht oder gar nicht synchronisiert, wechseln. Auf diese Weise zeigt sich nämlich, wie man die Spannungen aussteht, die in der Weltsituation, in der man gerade lebt, zwangsläufig auftreten.[5] Zustand 1 ist ein Ausstehen dieser Spannungen in einem geschlossenen *kurzweiligen* Rhythmus, Zustand 2 ein Ausstehen in einem geschlossenen *langweiligen* Rhythmus, Zustand 3 ein Ausstehen in einem offenen *langweiligen* Rhythmus. Dabei meint *kurzweilig* und *langweilig* nicht die geläufige Bedeutung von *gut* und *schlecht unterhaltend*, sondern die wörtliche Bedeutung der zwei getrennten Wörter: *kurze Weile* oder *lange Weile*.[6]

Ein Ausstehen der Spannungen in einem geschlossenen kurzweiligen Rhythmus, ein Leben in Zustand 1, ist demnach ein Leben in mehr oder weniger verschwindenden Jetztpunkten. M. a. W., die in dieser Weltsituation auftretenden Spannungen können von Menschen, die in diesem Zustand leben, nicht für eine längere Weile ausgestanden werden, sondern nur in kurzen geschlossenen Perioden. Ein Beispiel dafür ist nicht nur die für unsere Zeit so typische Gehetztheit, sondern paradoxerweise auch ein Leben in Zwangsgedanken, bei dem ein Mensch gerade versucht, einen Jetztpunkt festzuhalten, indem er immer wieder denselben Gedanken in kürzester Zeit wiederholt. D. h. jemand, der sich in dieser besonderen Ausprägung des geschlossenen kurzweiligen Rhythmus befindet, klammert sich zwanghaft an einen bestimmten Gedanken. Da dies aber in absoluter Weise nicht gelingen kann, weil die Zeit nicht stehen bleibt, gelingt es ihm nur, indem er diesen Gedanken immer wiederkehren lässt. So verbinden sich hier einerseits eine lineare

Zeit aufgrund des Nacheinanders von Jetztpunkten und andererseits eine zyklische Zeit aufgrund der dauernden Wiederkehr desselben Gedankens.

Ein Ausstehen der Spannungen in einem geschlossenen langweiligen Rhythmus, ein Leben in Zustand 2, ist ein Leben in einer geschlossenen langen bzw. länger andauernden Periode. M. a. W., die in dieser Weltsituation auftretenden Spannungen werden von den in diesem Zustand lebenden Menschen in einer geschlossenen längeren Weile ausgestanden. Dabei schotten sich die in Zustand 2 lebenden Menschen paradoxerweise gerade durch ihre Verschmelzung mit der Welt von dieser für die Zeit der langen Weile ab. Das passiert uns im täglichen Leben nicht nur, wenn wir in eine Aufgabe vertieft sind, sondern in deutlich negativer Hinsicht in schizoiden Phasen, wie sie für viele von uns leider auch typisch sind. Hier kappen wir für lang andauernde Perioden vor allem unsere gefühlsmäßige Bindung zur (Um-)Welt, weil sie uns zu sehr belastet. Dabei können analog zum ersten Zustand auch Verbindungen von linearer und zyklischer Zeit eingegangen werden, nur dass sich hier länger andauernde Perioden wiederholen.

Ein Ausstehen der Spannungen in einem offenen langweiligen Rhythmus dagegen, ein Leben in Zustand 3, ist ein Leben in einer offenen langen Weile. Beschreibungen wie linear und zyklisch greifen dafür zu kurz, weil Zeitpunkte wie Anfang und Ende dieser Periode nicht feststellbar sind. Dieser Zustand ist eher dadurch geprägt, dass man Spannungen, die in der momentanen Weltsituation auftreten, in einer gleichgewichtigen Beziehung aussteht und gerade darin glücklich ist. Man akzeptiert also in diesem Rhythmus sowohl den Umstand, einen Jetztpunkt nicht festhalten zu können als auch den anderen, sich von der Welt nicht abschotten zu können. Man lässt einfach zu, was kommt, und ist gerade dadurch nicht gehetzt und gestresst. Denn Stress und Gehetztheit bedeuten eben, dass man ein Ausstehen der Spannungen und damit ein Leben im „Hier und Jetzt" vermeidet.[7]

Es versteht sich, dass dieses Ausstehen der Spannungen nicht etwas von vornherein Gegebenes ist, sondern einen Lernprozess voraussetzt. Dazu gehört, was ich *Stärke* bzw. *sich in Stärke üben* nenne. Dadurch lernt man nämlich ein Handeln im Zeichen von Selbstdisziplin und Ähnlichem. Stärke hat dabei den besonderen Status. Sie ist sowohl eine Machtform als auch eine Anti-Machtform, weil durch sie andere Machtformen im jeweiligen Tun eingeschränkt bzw. diszipliniert werden. Sie ist auch in gewisser Weise eine Meta-Fähigkeit, weil sie sich *inmitten* der Ausübung der jeweiligen Fähigkeit zeigt,[8] d. h. wie und ob wir beim Essen, Gehen etc. unsere Spannungen *geschlossen kurzweilig, geschlossen langweilig* oder *offen langweilig* ausstehen. Stärke darf aber nicht mit Glück verwechselt werden, weil Stärke im Gegensatz zu Glück nur von uns beeinflusst werden kann. Das bedeutet: Auch eine noch so gut ausgeübte Stärke führt nicht zum Glück bzw. zum Ausstehen der Spannungen in einem offenen langweiligen Rhythmus, weil wir aufgrund unserer Stärke nur unseren Teil dazu beitragen können. Zum Glücklichsein kommt aber noch etwas dazu, was nicht von uns beeinflusst werden kann. Dabei ist wichtig einzusehen, dass dieses nicht Beeinflussbare nichts mit einer Art höherer (religiöser) Macht zu tun hat bzw. zu tun haben muss, sondern eher die

Akzeptanz der Tatsache meint, dass nicht *wir* diese höhere Macht sind und nicht alles – und dazu gehört auch das Glücklichsein – in *unserer* Macht steht.

Damit habe ich in Kurzform beschrieben, was ich in den folgenden Kapiteln ausführlich darlegen werde.

Bevor ich das tue, werde ich aber noch einen kurzen Exkurs zu meiner Methode[9] machen: Ich gehe von einer Beschäftigung mit Glück aus, die durch eine Methode des zweiseitigen *Findens* geprägt ist.[10] Auf der einen Seite geht es dabei um die Frage(n): Was ist Glück nicht? Und damit verknüpft: Wie können wir von diesen Zuständen des Nicht-Glücks zum Zustand des Glücks kommen? Dieser Aspekt der Methode widmet sich damit der Hinführung zum Glück – allerdings einer paradoxen, nicht zielorientierten Hinführung. Und gerade hier spielt die eben angesprochene Machtform und Meta-Fähigkeit *Stärke* eine große Rolle. Auf der anderen Seite geht es um die Frage: Was erleben wir, wenn wir glücklich sind? Hier geht es also um das Glück im Akt der Erfahrung, also während des Zustands 3. Beide Seiten der Methode gehören zusammen, wie das Glück und das Nicht-Glück, und können nicht voneinander getrennt werden. Das hat vor allem damit zu tun, dass Glück ein Zustand der Offenheit nach mehreren Seiten ist. Man kann einerseits, wenn man in Zustand 1 und/oder 2 ist, durch Bereitwerden bzw. Bereitsein einen Zugang zur Offenheit *finden*. Man kann sich des Zustands 3 und damit der Offenheit aber nicht bemächtigen. Wenn der Zustand nicht eintreten *will* oder vorbei ist, kann man einen weiteren Zugang nicht erzwingen oder das Glück einfach wieder zurückholen. Denn die Offenheit macht diesen Zustand zu etwas, das man nicht auf herkömmliche Weise erreichen kann. Glücklichsein hat näm-lich immer etwas in sich, das sich entzieht. Es stellt sich darum die Frage, ob die beiden Seiten des *Findens* nicht ge-nau mit diesem Entziehen zu tun haben, und zwar damit, dass auf der einen Seite der Zustand des Glücks und des *Findens* einfach das Akzeptieren dieses Entziehens ist und auf der anderen Seite alle Arten des Nicht-Glücks – also auch Siegestriumph etc. – durch das Nicht-Akzeptieren die-ses Entziehens ausgezeichnet sind, weil man hier diese Ak-zeptanz für unnütz oder gefährlich ansieht oder ihr nicht standhält?

Aber aufgepasst: Das sind nur Fragen und keine Erklärun-gen des Glücks und des *Findens*. Auch wenn ich im Folgen-den darauf Antworten *finden* werde, so bleiben diese wieder-um nur Hinweise.

Und noch etwas: Auch wenn es eigentlich bisher schon klar geworden sein sollte, möchte ich doch betonen: Das in diesem Buch dargestellte *Finden* bedeutet nicht die Projekti-on von Glück in eine paradiesische Vergangenheit oder Zu-kunft. Glück wird diesseits von positiven oder negativen Utopien, nicht in einem vorzivilisatorischen Naturzustand oder in einer zukünftigen klassenlosen Gesellschaft, zu *finden* erhofft. Es wird versucht, dem alltäglichen Glück in unserer zu jeder Zeit stattfindenden Lebenswelt nachzuspüren.

1. Warum ist Glück kein subjektives Gefühl in unserem Inneren?

Es ist vielfach verbreitet, Glück als ein subjektives Gefühl in unserem Inneren anzusehen. Dieses Gefühl kann zwar sehr wohl Auslöser von außen haben, ist aber letztendlich in unserem Inneren als eine Empfindung lokalisiert, die kommt und geht. Glück wird demnach als etwas Flüchtiges wahrgenommen. Und obwohl wir es sind, die dieses Glücksgefühl haben, trennen wir – laut dieser weit verbreiteten Ansicht – zwischen uns und diesem Gefühl. Denn wir können dieses Gefühl nicht steuern, es geschieht uns und macht uns passiv.

Man könnte dazu mit guten Gründen bemerken, dass es sehr schwierig ist, ein Gefühl als etwas, das uns lediglich geschieht, anzusehen. Denn wir identifizieren uns ja in gewisser Form gerade mit unseren Gefühlen. M. a. W., Gefühle sind keine Subjekte, die uns zu Objekten machen. Allerdings ziehen wir in Zustand 1 sehr wohl diese Trennungen – auch wenn es uns sehr schwer fallen würde, diese zu explizieren. Ähnliches gilt für den Umstand, dass es im eigentlichen Sinne keine reinen Gefühle gibt, sondern dass sie immer mit Erkenntnisanteilen vermischt sind. Dafür spricht schon allein der Umstand, dass wir sie als Gefühle erkennen, auch wenn wir sie nicht genau bestimmen können. D. h. Gefühle – in der Sprache Kants: „sinnliche Anschauungen" – haben von vornherein eine erkennbare Bedeutung.[11]

Gefühle sind darüber hinaus immer gegenwartsbezogen, haben aber mit dem bereits Erlebten zu tun. Sie sind in gewisser Weise gegenwärtige unkontrollierte Reaktionen, in denen unsere vergangenen Erlebnisse verarbeitet sind. Aber nicht nur das: Durch ihre Kontinuierlichkeit verknüpfen Gefühle auch immer die Zeitmomente der Vergangenheit und Gegenwart mit der Zukunft.

Jedoch werde ich nun diesen Abriss abbrechen und auf ein Dilemma aufmerksam machen, dem nicht so leicht zu entkommen ist: Ich gehe nämlich in diesem Kapitel bis jetzt von einer mehr oder weniger erkenntnistheoretischen Haltung in Zustand 1 aus und bespreche unter dieser Rahmenbedingung Gefühle. Gefühle *passieren* uns aber ursprünglich in Zustand 2. Und dort – in der ursprünglicheren Einheit – sind wir beim Erleben dieser Gefühle sogar diese Gefühle selbst. Würden wir also ausschließlich im Zustand 2 leben, wüssten wir gar nichts von diesen Gefühlen, weil es im Augenblick des Erlebens nichts anderes geben würde als diese Gefühle und weil wir keine Distanz dazu hätten, die für ein Wissen davon nötig ist. Aber da wir als Menschen nie ausschließlich in Zustand 2 leben – sofern wir nicht Kleinkinder oder verrückt sind –, sondern in Mischzuständen, wissen wir (scheinbar) davon und halten die besagten Trennungen für sinnvoll bzw. für mehr oder weniger normal.

Trotzdem geht eine erkenntnistheoretische Untersuchung – weil sie den Zustand 1 zu sehr betont – am Thema „Gefühle" vorbei. Darum werde ich mich von diesem Blickwinkel lösen und eine (wiederum) lediglich hinweisende Unterscheidung treffen, die ich in der Einleitung schon vorbereitet habe: Ich werde *Gefühle* von *intuitiven Fähigkeiten* und der *Ausübung dieser Fähigkeiten* unterscheiden. Alle diese drei Arten sind von vornherein mit unserem „In-der-Welt-sein" verbunden, um einen Begriff Martin Heideggers zu verwenden.[12] D. h. sie sind schon immer in unserem Weltzusammenhang bzw. Weltbezug eingebettet und unlösbar damit verknüpft.[13] Sie können nie isoliert von diesem In-der-Welt-sein betrachtet werden, also nie solipsistisch, subjektivistisch oder objektivistisch. Das impliziert auch, dass unser In-der-Welt-sein für uns von vornherein bedeutet, dass es andere Menschen gibt, mit denen wir in Verbindung stehen.

Diese drei Arten haben auch nichts mit einem „Bewusstsein davon" zu tun. Weil dies so ist, sind z. B. Gefühle auch keine Vorstellungen *von* etwas, sondern immer Teil eines Weltbezugs. Es wäre schon eine Trennung dieses Bezugs, Gefühle als eine simultane oder spontane Antwort auf einen irgendwie erfahrenen Bedeutungszusammenhang in der Welt anzusehen, weil sie als Befindlichkeiten unlösbar mit einem Weltbezug verknüpft sind. Zwar heißt das nicht, dass Gefühle den jeweiligen Weltbezug oder gar die Welt konstituieren bzw. erschaffen, und auch nicht, dass es für den Fühlenden Welt ohne Gefühle gibt, vielmehr muss man sich hier vom Täter-Opfer-Schema und von Subjekt-Objekt-Beziehungen lösen und einfach akzeptieren: Welt und Gefühle gehören für unseren Weltbezug untrennbar zusammen. Es gibt hier nicht zuerst das eine, dann das andere. Beide sind in unserem In-der-Welt-sein immer zusammen. Denn wir synchronisieren uns von vornherein mit der Welt und den dort herrschenden Zeitrhythmen. Diese Art des Sich-Synchronisierens lässt somit schon immer eine Einheit von Welt und Gefühlen entstehen. Sie ist aber nicht mit einer Leibnizschen *prästabilierten Harmonie* zu verwechseln, da sie weder von Gott vorherbestimmt ist noch die Gesamtheit der Welt in ihren vergangenen, gegenwärtigen und zukünftigen Zuständen repräsentativ von einem Standpunkt aus ausdrückt noch

26

überhaupt eine irgendwie geartete Harmonie ist o. Ä.[14] Vielmehr ist sie durch Spannungen geprägt, die je nach Zustand in einer geschlossenen kurzen Weile, in einer geschlossenen langen Weile oder in einer offenen langen Weile ausgestanden werden. Lediglich in Zustand 1 werden Welt und Gefühle getrennt. Aber dieser Zustand ist nicht unser fundierender Grundzustand. Darum ist z. B. unsere Körpergrenze nichts, was uns von der Welt trennt. Denn unsere Gefühle übersteigen diese Grenze von vornherein und bilden mit der Welt eine Verbindung. Dabei ist natürlich der Hinweis wichtig, dass *Gefühle* die Rohform aller unserer intuitiven Fähigkeiten sind, also auch aller unserer Sinne. Denn dass wir mit unseren Sinnen unsere Körpergrenze überschreiten, wird wohl niemand bestreiten. Allerdings hat es sich so eingebürgert, dass wir sagen: „Ich sehe einen Baum, ich höre Musik." Dadurch wird eine Trennung von Ich und Welt impliziert, die aber im Seh- oder Hörakt selbst nicht vorhanden ist. Denn hier *sind wir nur der jeweilige Akt*. Erst wenn wir darüber reflektieren – also im Zustand 1 sind –, ist eine scheinbare Trennung vorhanden. Im Akt des Sehens oder Hörens besteht diese Trennung aber noch nicht, sondern hier nehmen wir nur intuitiv wahr. D. h. genauer: Wir sind in diesem Akt unserem Ich in einer Verbindung mit dem Wahrgenommenen voraus. Erst nachträglich – in Zustand 1 – werden wir uns dieses Akts scheinbar bewusst und nehmen dabei eine Trennung vor.

Gefühle sind nun als Basis unserer Fähigkeiten auch die Basis für dieses Im-Voraus-sein.[15] Dabei ist wichtig anzuerkennen, dass diese Basis von vornherein mit der Welt verbunden ist, dies macht gerade das Im-Voraus-sein aus. Diese

Verbindung wird auch durch die Ausbildung der Gefühle als Fähigkeiten in Form von Sinnen etc. nicht gekappt – auch wenn das in Zustand 1 so erscheint –, sondern nur komplexer. Denn Gefühle bestimmen auch in ihrer ausgebildeten Form zusammen mit ihrem Weltbezug von vornherein jede Situation, in die wir geraten, noch vor dem bewussten Denken und vor dem *so genannten Erkennen einer äußeren Welt.* Gefühle sind damit immer vor dem Bewusstsein unseres „Ichs" vorhanden, d. h. auch noch vor der Trennung von Ich und Welt in Zustand 1, da sie gerade in diesem Im-Voraus-sein enthalten sind. Sie bilden sozusagen den indifferenten *unbegründeten Untergrund,* von dem sich die Trennung in Ich und Welt in Zustand 1 erst abheben muss. Das bedeutet aber auch, dass wir in einem Leben, das sich ausschließlich in unausgebildeten Gefühlen ereignet, z. B. kurz nach unserer Geburt, identisch mit der Welt sind, mit allen dazugehörigen Allmachtsgefühlen. Denn es gibt hier nichts anderes als unsere Gefühle. Alles ist bzw. scheint hier von uns abhängig zu sein. Erst durch das Erfahren von Widerständen löst sich dieser reine Zustand 2 auf, und im Verein mit der Ausbildung der intuitiven Fähigkeiten leben wir dann auch in anderen Zuständen. Aber eine unlösbare Verbindung mit der Welt bleibt später in dem erwähnten Im-Voraus-sein, selbst wenn dies nicht genau definierbar ist. Trotzdem müssen wir natürlich erkennen, dass wir die Welt nicht beherrschen. Wir machen also in unseren Kinderjahren eine Entwicklung durch, die uns dazu führt, die bisherige Erfahrung „Wir sind die Welt und beherrschen sie" aufzugeben. Durch diesen Prozess der Erfahrung lernen wir erst unsere Gefühle als Gefühle erkennen, und zwar indem wir sie von Sinnesleistungen etc. unterscheiden. Vorher waren sie nicht nur beide identisch, sondern auch identisch mit der Welt. Aber – wie gesagt – noch immer sind sie unlösbar mit der Welt verbunden.

Wie diese Entwicklung zu einer differenzierteren Erfahrung genau vor sich geht – und gar wie sie genetisch oder sozial bedingt ist –, ist zwar nicht ohne Belang, ist aber wiederum Sache einer erkenntnistheoretischen Untersuchung in Zustand 1.[16] Da es aber hier um das Glück bzw. das Erreichen des Glücks geht, also um Zustand 3, ist es von Interesse, was wir aus diesen Gefühlen und damit aus unserer Basis machen. Nur so können wir uns von Zustand 2 und den damit verbundenen Allmachtsgefühlen sowie von den Trennungsleistungen in Zustand 1 lösen. Für diese Lösung ist aber von äußerster Wichtigkeit, das Gegebene – also unsere jeweiligen Gefühle – anzunehmen. Einfach schon deswegen, weil wir sonst unsere Welt bzw. unseren Weltbezug in diesem Im-Voraus-sein nicht akzeptieren, sondern dieses Im-Voraus-sein verdrängen. Das ist von immenser Bedeutung und kann gar nicht genug betont werden. Nicht von ungefähr legen Therapieformen wie die Psychoanalyse darauf großen Wert. Das bedeutet aber auch: Wir dürfen nicht ständig versuchen, den Zustand 2, der uns eine ursprünglichere Einheit mit der Welt vermittelt, durch den Zustand 1 zu verdrängen und die Gefühle durch Trennungen zu beherrschen. Denn so verfolgen wir andere Arten von Machtinteressen, nicht mehr Allmachtsgefühle durch Verschmelzungserlebnisse, sondern differenziertere Formen von Machtinteressen, wie den Aufbau von hierarchischen Subjekt-Objekt-Beziehungen. Denn nur in der *Annahme der Ge-*

fühle – so schwer das oft auch ist – können wir den Grund-
stein dafür schaffen, dass wir unsere Empfindungsbasis
optimal ausbilden und ggf. auch umbilden. Erst im Annehmen der Gefühle nehmen wir unsere Verbindung mit der
Welt im Im-Voraus-sein tatsächlich wahr und täuschen uns
nicht in unserem Weltbezug. Auf diese Weise können wir
nicht nur der Gefahr begegnen, dass wir Fähigkeiten in die
falsche Richtung ausbilden, sondern so können wir auch
gemäß meiner Methode unser Glück von beiden Seiten her
finden.

Dabei ist dieses Annehmen – genauso wie die Gefühle
selbst – nichts Statisches, sondern ein stetiger Prozess. Es
ändert sich je nach Weltsituation bzw. Weltbezug.

Intuitive Fähigkeiten sind nun – wie bereits beschrieben –
ausgebildete Gefühle. Sie *bilden* sich nämlich aufgrund des Zu-
sammenspiels von Anweisungen (aus unserem sozialen Umfeld) und von eigenen kontinuierlichen Übungen in uns *aus*.[17]
So kommt es z. B. zur Fähigkeit des Klavierspielens aufgrund des (Sich-)Ausbildens des Musikempfindens. Allerdings müssen wir dabei nicht so differenzierte Fähigkeiten
wie das Klavierspielen im Auge haben, auch alle Körperemp-
findungen, die zu den Fähigkeiten des Sehens, Hörens oder
Gehens, Händeschüttelns, Sprechens etc. ausgebildet werden, fallen darunter. Intuitive Fähigkeiten dürfen aber nicht
mit körperlichen Reflexen verwechselt werden. Denn so
trennt man in Körper und Geist und befindet sich in Zustand
1. Auch sieht man dann nicht die Möglichkeit eines *intuitiven*
(Sich-)Ausbildens und Formens dieser *intuitiven* Fähigkeiten,
sondern betrachtet sie als empirisch messbare Phänomene,
die nach physiologischen Gesetzen ablaufen.

Darüber hinaus muss man sich klarmachen: Alle diese intuitiven Fähigkeiten sind ebenso wie die Gefühle kein Besitz, sondern lediglich etwas Potentielles. Darum zeigen sie sich auch erst bei der *Ausübung* – genauer: bei jedem einzelnen Akt davon. Das gilt für jede Fähigkeit, spielt aber für das Glück eine besondere Rolle. Denn im Normalfall verdrängen wir den Akt der Ausübung und seine Bedeutung. Wir führen ihn zwar ständig aus: Wir gehen, essen oder sprechen. Jedoch in den Zuständen 1 und 2 legen wir auf völlig andere Dinge Wert als auf den Akt des Tuns selbst. Damit aber verdrängen wir vor allem das erwähnte Im-Voraus-sein unseres In-der-Welt-seins. Stattdessen versteifen wir uns auf Dinge, die uns unsere Machtinteressen vorgeben. Da Glück ein von Machtinteressen freier Zustand ist, kann es so nicht eintreten. Denn es entzieht sich unserer Macht und Kontrolle, und dieses Entziehen zeigt sich vor allem darin, dass wir unser Im-Voraus-sein nie einholen können. Glück ergibt sich darum nur in der *aufmerksamen Ausübung* eines Akts, wenn wir also gerade das Im-Voraus-sein annehmen und nicht verdrängen. Dabei ist es zwar nicht egal, welcher Akt das ist, ein Aggressionsakt kann es z. B. nicht sein. Aber es gibt keinen speziellen „Glücksakt", sondern beim Gehen, Essen oder Sprechen kann sich der Zustand des Glücks ergeben, und zwar wenn wir in diesem Akt wirklich leben. Denn genau das heißt „aufmerksame Ausübung". Wir sinnieren hier nicht mehr bzw. reflektieren nicht, wie wir etwas richtig tun könnten. Wir sind auch nicht mit den Gedanken bei ganz etwas anderem, sondern wir sind mitten im Tun selbst und akzeptieren das Im-Voraus-sein: Wir gehen, essen oder sprechen und sind dabei mitten im Zustand des Glücks.

Wir haben aber dabei die Welt oder die Zeit nicht vergessen. Zwar vereinen sich hier Wissen und Tun sowie Theorie und Praxis, aber nicht Ich und Welt – zumindest nicht in der Form von Zustand 2. Denn wir nehmen ohne Urteil und ohne Allmachtsgefühle beim Tun dieses Tun selbst wahr, genauso die Welt um uns herum sowie die Zeit, die dabei vergeht. Letztere erfahren wir aber nicht als subjektive oder objektive Uhrzeit, sondern als offene Weile. Das bedeutet: Wir kontrollieren sie nicht und auch sonst nichts während dieser Wahrnehmung, sondern diese Wahrnehmung geschieht einfach im Tun intuitiv. Mir geschieht dies z. B., wenn ich in gelöster Stimmung in einem Konzert Musik anhöre. Wenn ich mich einerseits staunend auf das einlasse, was gerade beim Hören der Musik entsteht, wenn ich mich also der gerade entstehenden Musik tatsächlich öffne, das Flüchtige der Musik nicht festhalte, keine Strukturen erkennen *will*, keine vorgefassten Meinungen in sie *hineinhorche*, sondern nur *zuhöre* und versuche, ihr zu entsprechen und mich mit ihr zu synchronisieren. Wenn ich andererseits aber durch andere Geräusche – wie z. B. das Husten meines Stuhlnachbarn –, obwohl ich sie wahrnehme, nicht gestört bin. Denn auch sie halte ich nicht fest.

Allerdings ist dieses intuitive Tun nichts rein Gefühlsmäßiges, sondern es muss erst durch Lernen erworben werden. Das gilt auch für das eben beschriebene *Zuhören*. Darum spielt der zweite Schritt, das „Fähigkeiten-Lernen" in Form eines kontinuierlichen Übens und Ratholens eine wichtige Rolle – auch wenn dieser Schritt für sich genommen noch nicht den Zustand des Glücks darstellt, sondern wir dabei noch immer im Zustand 1 bzw. 2 sind. Denn es ist erst einmal so, dass wir dieses Üben wirklich intensiv betreiben müssen, wenn auch jeder je nach Talent und Art der Empfindungsbasis anders: Der eine mehr, der andere weniger. Der eine muss *hier*, der andere *da* ansetzen. Aber „reine Gefühle haben" ist zu wenig. Diese müssen erst veredelt werden, weil wir ansonsten im Zustand 2 verharren. Darüber hinaus darf „Fähigkeiten lernen" nicht als eine Leistung aufgefasst werden und damit auch nicht als Mittel zum Zweck. Denn sonst trennen wir wiederum und befinden uns in Zustand 1. Wir lernen darum im zweiten Schritt auch keine Techniken, um unsere Gefühle besser beherrschen zu können.[18] Denn auch dies wäre ein von Machtinteressen bestimmtes Tun, und das ist gerade nicht der Sinn des Übens. Entscheidend ist es, ausdrücklich im Akt des Tuns ohne alle Nebengedanken und Nebeninteressen zu leben, um so das Im-Voraus-sein der Verbindung mit der Welt zu akzeptieren. Deshalb kann auch der zweite Schritt gleichzeitig der dritte Schritt sein, wenn es uns beim Üben tatsächlich um den Akt des Übens selbst geht und wir mitten darin sind. Genau dann sind wir nämlich beim Üben mitten im Zustand des Glücks.[19]

Auf die in diesem Kapitel untersuchte Frage „Warum ist Glück kein subjektives Gefühl in unserem Inneren?" kann man darum zusammenfassend antworten: Gefühle sind nichts Inneres, das uns von einem Außen abhebt, sondern sie sind unsere Empfindungsbasis, die von vornherein mit unserer Welt verbunden ist und von ihr nicht isoliert werden kann. Allerdings führen *reine* Gefühle – wie sie im *reinen* Zustand 2 typisch sind – zu einer Identifikation mit der Welt, bei der wir in Allmachtsgefühlen verharren. Glück hat aber nichts mit Allmachtsgefühlen zu tun, auch nichts mit der Trennung der Gefühle und dem damit verbundenen Machtstreben in Zustand 1, sondern Glück entsteht erst im Akt der aufmerksamen Ausübung eines zu einer intuitiven Fähigkeit verwandelten Gefühls. Nur im Akt der Ausübung dieser intuitiven Fähigkeiten kann Glück für die dadurch gebildete Zeit – die offene lange Weile – entstehen. Ohne die Ausbildung dieser Fähigkeiten und den Akt der Ausübung bleiben die unbestimmten und frei flottierenden Gefühle lediglich eine indifferente Basis unseres Daseins, die eine geschlossene Welt (die ursprünglichere Einheit), aber keinen offenen Zustand wie beim Glück entstehen lässt.

2. Warum ist Glück nicht legitimierbar?

Normalerweise gehen wir davon aus: Wenn etwas – in unserem Fall das Glück – nichts Subjektives ist, muss es das Gegenteil davon sein, nämlich etwas Objektives. Es verwundert darum nicht, dass es immer wieder Versuche gegeben hat und gibt, Glück tatsächlich wissenschaftlich zu begründen bzw. einen objektiven Bewertungsmaßstab dafür zu erhalten. So stellt z. B. Bentham, der Begründer des Utilitarismus, im 18. Jahrhundert ein Glückskalkül auf, bei dem der Maximierungseffekt des gesellschaftlichen Glücks anhand bestimmter Handlungen und Institutionen gemessen werden sollte. Oder bei manchen Sozialökonomen wird das Glück anhand der finanziellen Kaufkraft einer Familie bewertet.

Bei diesen Versuchen spielen natürlich politische Interessen eine Rolle, was die Frage nach sich zieht: Gibt es überhaupt ein allgemeines Glück, das durch politische Interessen und Entscheidungen beeinflusst werden kann, oder ist Glück lediglich etwas Individuelles[20], das sich der Politik entzieht? Hat darum die von Bentham aufgestellte Forderung, Glück als das „größte Glück für alle" zu begreifen, einen Sinn? Oder allgemeiner gefragt: Haben politische Glücksvorstellungen überhaupt einen Sinn oder sind sie bloße Hirngespinste?

Sucht man aber nicht auch mit der Bestimmung des Glücks als eines Individuellen (und Unpolitischen) eine Legitimation für Glück? Und kann Glück wirklich individuell bestimmt werden? Könnte es nicht einfach sein, dass Glück nicht nur nichts Subjektives und Objektives, sondern auch nichts Allgemeines und Individuelles ist? Und dass stattdessen gilt: Man kann über Glück weder Gewissheit erlangen noch es irgendwie legitimieren? Diesen Fragen werde ich hier nachgehen!

Zunächst habe ich aber einen Nachtrag zum Vorangegangenen zu liefern und zu erklären, warum Glück nichts Subjektives ist. Zwar habe ich dies im ersten Kapitel schon implizit, doch eben noch nicht explizit dargelegt. Denn dort habe ich meine Darstellung auf subjektive *Gefühle* beschränkt. So habe ich mich dabei mit dem berühmten „cogito, ergo sum" Descartes', das darauf abzielt, dass wir Gewissheit letztendlich nur aus dem ichhaften und damit subjektiven Denken erlangen können, noch nicht ausdrücklich beschäftigt. Allerdings habe ich schon deutlich gemacht, dass es kein versicherbares Wissen gibt, weil Wissen immer nur zusammen mit dem Tun und der Ausübung der intuitiven Fähigkeiten auftritt. Das bedeutet natürlich auch, dass wir uns durch keinen Denkprozess einer Sache versichern können, paradoxerweise nicht einmal unser selbst, weil sich auch unser Ich durch das Im-Voraus-sein unseres Weltbezugs letztendlich entzieht. Kurz: Auch unser Ich ist kein Besitz, den wir definitiv eingrenzen können. Darum erscheint uns unser Ich auch immer anders, je nach dem Zustand, in welchem wir uns gerade befinden: Einmal erscheint es uns explizit getrennt von der Welt (Zustand 1). Ein anderes Mal scheint es mit einer Aufgabe bzw. unserer Welt so eng verbunden zu sein, dass das Ich gar nicht explizit da ist (Zustand 2). Schließlich im Zustand des Glücks erscheint uns die Frage nach einem Ich nicht wichtig, weil wir in offener Aufmerksamkeit mitten im Tun sind.[21] Analog zu unserem Ich verhält es sich auch mit allen sonstigen scheinbaren

Determinanten unseres Seins[22] – vom Glück gar nicht zu reden –, die uns lediglich in Zustand 1 als gewiss vorkommen, sich uns bei näherer Betrachtung aber entziehen. Und nur weil in unserer Kultur dem Zustand 1 so eine bevorzugte Stellung eingeräumt wird, wird uns suggeriert, dass unser Ich oder andere Determinanten etwas Gewisses sind, dessen wir uns versichern können, obwohl dies für Zustände jenseits von Zustand 1 nicht gilt.

Aber warum hat in unserer Kultur Zustand 1 so eine bevorzugte Stellung? Hat dies nicht damit zu tun, dass in Zustand 1 die Realität, so wie sie ist, erkennbar wird, dass in ihm als einzigem die objektive Wirklichkeit wahrnehmbar ist?

Daran gibt es sehr viele Zweifel. Denn die so genannte objektive Wirklichkeit nimmt nach dem jeweiligen Stand der Forschung und der angewandten Theorien ein immer anderes Bild an. So war vor Einsteins Relativitätstheorie die objektive Wirklichkeit eine andere als danach, und das gilt für alle bedeutenden wissenschaftlichen Theorien. D. h. die so genannte objektive Wirklichkeit verändert sich mit der Zeit radikal.

Aber gilt das auch für die Grundregeln des Seins (nicht nur des Denkens), nach denen diese Theorien aufgestellt werden? Geben diese Grundregeln nicht zumindest einen festen Rahmen an, denen jede mögliche objektive Wirklichkeit entsprechen muss? Und nähern wir uns mit der Zeit nicht durch den Fortschritt unserer Wissenschaften der objektiven Wirklichkeit schlechthin an? Wird also die Differenz zwischen den gemäß den Grundregeln möglichen objektiven Wirklichkeiten und der erforschten objektiven Wirklichkeit nicht immer kleiner, wie Karl Popper annimmt?[23] Und bedeutet das nicht, dass zumindest diese Grundregeln der Garant dafür sind, dass es so etwas wie Objektivität gibt?

Aber gibt es solche Grundregeln tatsächlich? Ist etwa der von Aristoteles aufgestellte Satz vom ausgeschlossenen Dritten (Tertium non datur), dass eine Tatsache also entweder wahr oder falsch ist, schlechthin (d. h. vor allem unbedingt) gültig?[24]

Meine Antwort darauf ist: Sogar in der modernen Physik gibt es – durch experimentelle Ergebnisse, die besagen, dass ein Elektron sowohl Teilchen- als auch Wellencharakter hat – Zweifel daran,[25] umso mehr in der Philosophie. Dort wird nämlich in einer von Kant begründeten Tradition – siehe unten – die Unbedingtheit von Regeln und Annahmen immer kritischer gesehen und von Autoren wie Heidegger ganz bestritten. So stellt Heidegger gerade die Gültigkeit einer Grundregel wie des „Tertium non datur" radikal in Frage.[26] In der von mir eingeführten Begrifflichkeit kann man das so ausdrücken: Das stete Im-Voraus-sein unseres Weltbezugs lässt es nicht zu, dass irgendwelche feststehenden Grundregeln aufgestellt werden können, weil feststehende Grundregeln von festen Grenzziehungen, d. h. von Trennungen, abhängen. Mit diesen Trennungen wird aber gerade das Im-Voraus-sein geleugnet, weil unsere immer vorausliegende Verbindung mit der Welt gekappt wird. M. a. W., unser (wissenschaftliches) Denken kann die Aufgabe, eine schlechthin objektive Wirklichkeit zu legitimieren oder gar zu begründen, grundsätzlich nicht bewältigen, da es von Voraussetzungen ausgeht, die dieser Aufgabe grundsätzlich zuwiderlaufen. Dieses Denken kann nämlich nur Verschiebungen und Ersetzungen seiner Grenzziehungen und Trennungen leisten, die nie zu einem Ende kommen und für die es auch keinen festen Maßstab gibt. Wissenschaftliches Denken ist also lediglich Ersetzungsarbeit. Gerade das Glück hat jedoch nichts mit Ersetzungsarbeit zu tun, sondern ist in vieler Hinsicht nichts anderes als das Akzeptieren unseres Im-Voraus-seins im Akt des Tuns.

Aber mit diesen Ausführungen bin ich einmal mehr in einen erkenntnistheoretischen Disput geraten und damit in Zustand 1 (was auch heißt, ich habe selbst lediglich versucht zu ersetzen). Allein die Tatsache, dass es die anderen Zustände gibt und sich jeder von uns auch immer wieder in ihnen aufhält, ist Grund genug, den Objektivitätsanspruch von Zustand 1 zu leugnen. Jeder von uns lebt eben nicht nur in dieser so genannten objektiven Wirklichkeit. Es gelten für uns auch andere Wirklichkeiten, die nicht objektiv erklärt werden können. Dass Zustand 1 für uns trotzdem so dominant ist, hat darum eher mit der Machtfülle zu tun, die er durch seine Trennungen – ob in wissenschaftlich-technischer oder persönlicher Hinsicht – mit sich bringt, als mit der Objektivität seiner Ergebnisse. Denn die Subjekt-Objekt-Trennung ist die beste Machtstrategie, die es gibt, weil sie von vornherein ein Ungleichgewicht schafft und dabei weniger indifferent als das Wirken von Allmachtgefühlen auftritt.[27] Es ist darum Unsinn, Glück in Zustand 1 zu erklären, da es auf diese Weise unweigerlich mit Machtinteressen vermischt wird, es sich aber Machtinteressen entzieht. Darum sind auch alle Versuche, Glück zu objektivieren, zum Scheitern verurteilt. Denn bei Bentham oder sonstigen Vertretern eines objektiven bzw. objektivierbaren Glücks wird keinem Zustand der Offenheit nachgespürt, sondern genau dem Gegenteil. Das Glück, das jeder von uns in seiner Lebenswelt immer wieder – wenn auch *objektiv gesehen* vielleicht nur für kurze Zeit – erlebt, wird so nicht oder zu wenig berücksichtigt. Das gilt auch für theologische Objektivierungen, wie sie z. B. seit Augustinus im Christentum zu erkennen sind.

Allerdings habe ich damit bis jetzt nur gezeigt, dass Glück weder etwas Subjektives noch etwas Objektives ist. Wie steht es mit der Frage: Ist Glück individueller oder allgemeiner Art?

Aber was heißt in Bezug auf Glück „individuell" und „allgemein"? Ich werde zur Erklärung ein paar kurze philosophiegeschichtliche Hinweise geben, die wie immer keinen Anspruch auf Vollständigkeit erheben:

Glück als etwas Allgemeines zu betrachten, kann einerseits die Behauptung beinhalten, dass es nur in einer Gemeinschaft zu verwirklichen sei, oder andererseits, dass man es nur in einer Einheit mit dem Kosmos erlangen könne. Viele Staatsutopien in der Nachfolge von Thomas Morus' 1516 erschienenem Werk „Utopia" gehen in die erste Richtung. Sie setzen sich vornehmlich damit auseinander, wie Glück in der menschlichen Gemeinschaft eines einzelnen Staates erlangt werden kann.[28] Jedoch gibt es auch Verbindungen beider Richtungen, und zwar schon in der Antike. So steht z. B. Platons Staatslehre „Der Staat" mit seiner Kosmologie im „Timaios" in direkter Verbindung.[29]

Allerdings ist es auch so, dass individuelle Glückslehren – und hier sind sowohl die stoische als auch die epikureische Lehre zu nennen[30] – sehr wohl auf eine Einheit mit dem

Kosmos gerichtet sein können, die jenseits einer konkreten politischen Gemeinschaft zu suchen ist. Eine reine individuelle Glückslehre bildet dagegen der Hedonismus, in dem Glück als das Erleben von möglichst viel Lust durch den Einzelnen angesehen wird. Da dabei Glück konkret in Abwägung zwischen Unlust- und Lustquantitäten gesucht wird, ist der Hedonismus mehr oder weniger eine individualistische Form des Utilitarismus, deren Begründer allerdings schon in der Antike zu entdecken ist, nämlich Aristipp.[31]

Darüber hinaus gibt es z. B. auch Verbindungen zwischen den beiden Richtungen der allgemeinen und der nicht hedonistischen individuellen Glückslehren. So legt Aristoteles in seinem Werk „Nikomachische Ethik" durch seine Tugendlehre einerseits großes Gewicht auf die Autarkie des Einzelnen, die sowohl durch die beste praktische Verwirklichung des „rationalen Seelenteils" des Menschen im Leben als Staatsmann als auch durch deren theoretische Verwirklichung im Leben als Philosoph erreicht werden kann.[32] Andererseits ist für ihn der Mensch nicht nur in der praktischen, sondern auch in der theoretischen Verwirklichung immer mit dem bürgerlichen Leben der Polis bzw. des Staats verbunden. D. h. der Mensch kann sich und sein Glück laut Aristoteles nicht außerhalb der politischen Gemeinschaft verwirklichen. Das hat eine weitere Konsequenz: Wenn z. B. ein autarker Philosoph in der Polis, in der er lebt, nichts gilt, ist er nicht glücklich, selbst wenn dies lediglich an der Dummheit der Polis liegt. Denn Glück ist immer vom Erfolg in der Polis abhängig.[33]

Was bei allen diesen Ansätzen – ob allgemeiner oder individueller Art – auffällt, ist, dass wiederum ein Wertmaßstab eingeführt wird, an dem sich Glück zu orientieren hat, ob das die Gemeinschaft, der Kosmos, quantitativ möglichst viel Lust oder Mischungen davon sind. Es wird nicht einfach versucht, (intuitiv) wahrzunehmen, wie und wann Menschen glücklich sind, sondern von vornherein eine Begründung dafür gesucht. In gewisser Weise kann so jeder dieser Ansätze mit einem Satz von J. G. Fichte zusammengefasst werden: „Nicht das ist gut, was glücklich macht, sondern nur das macht glücklich, was gut ist."[34] Und nach diesem Guten, das das Glück begründen soll, wird in allen diesen Ansätzen gesucht. Jedoch darf nicht übergangen werden, dass es dabei einen großen Unterschied gibt, ob nämlich dieses Gute inhaltlich ausgewiesen wird oder lediglich formaler Natur sein soll. Denn Fichte bestimmt in der Nachfolge Kants das Gute nicht als etwas, das man inhaltlich fest umreißen könne, wie es Aristoteles, die Epikureer oder die Stoiker versuchen, sondern es ist für ihn lediglich ein freier Akt des Willens, dessen man sich nie inhaltlich versichern kann. Damit wird versucht, das Gute als etwas Unbedingtes zu etablieren und nicht als etwas Bedingtes, das wiederum von anderen Sachverhalten abhängig ist. Darum kann für Fichte wie für Kant Glück nie mit dem Guten identisch sein, weil für sie Glück etwas Bedingtes ist, das von Sinnlichem oder Tugenden abhängt. Vielmehr muss für sie Glück dem Guten immer nachgeordnet sein. Ein entsprechend agierender Mensch kann im freien Akt seines Willens nur glückswürdig, das ist gleichbedeutend mit gut, aber nicht auf Glück bezogen handeln. Er macht dies, wenn er kraft seines Willens seine sinnlichen Neigungen permanent unter ein allgemeines Gesetz – wie den berühmten *kategorischen Imperativ* – stellt.[35]

42

Doch kann man an dieser Auffassung auch kritisieren: Selbst wenn dieser ständig zu erneuernde Willensakt ein nicht inhaltlich erkennbarer Entschluss des Menschen ist und der Vernunft nur formal zugänglich ist, so gibt er trotzdem einen Wertmaßstab für das Gute ab, der zumindest formal eingegrenzt werden kann. Darüber hinaus wird mit diesem Willensakt gerade etwas etabliert, das deutlich ein Machtinteresse ausdrückt, weil es nicht für ein *Akzeptieren* des Im-Voraus-seins des Weltbezugs steht, sondern für dessen *Negieren* im – wenn auch nicht bewussten – Schaffen eines Weltbezugs und Setzen von definitiven Grenzen.[36]

Ich *möchte* aber aufgrund dieser Kritik den zitierten Fichteschen Satz nicht einfach umkehren und sagen: „Was glücklich macht, ist gut." Auch verneine ich nicht wie Schopenhauer den Willen bzw. den Akt des Willens. Beides wäre wiederum die Etablierung eines Wertmaßstabs. Ich weise nur darauf hin, dass Glück weder etwas Bedingtes ist, für das es Kant und Fichte halten, noch etwas Unbedingtes, sondern lediglich in einem Zustand der Offenheit geschieht, für den es weder inhaltlich noch formal anzugebende Grenzen gibt. So kann Glück bzw. die Erfahrung des Glücks alles Mögliche sein. Es kann sich um eine Gemeinschaftserfahrung (z. B. ein Konzert), ein individuelles Erlebnis (z. B. beim Klavierspielen), ein Einheitserlebnis mit dem Kosmos (z. B. beim Wandern in der Natur) oder Mischungen davon handeln, aber es muss nicht so sein.

Politische Systeme können darum niemanden glücklich machen bzw. in einen Zustand der Offenheit versetzen. Sie können nicht einmal einen Rahmen vorgeben, in dem es dem Einzelnen definitiv leichter gemacht würde, mitten in den Akt des Tuns zu kommen.[37] Denn – wie gezeigt – es gibt für Glück keinen Maßstab. Dazu zeichnet sich Politik, um dies deutlich zu sagen, gerade durch das Agieren von Machtinteressen aus und nicht durch die Freiheit von diesen Machtinteressen wie der Zustand des Glücks. In die Tat umgesetzte Staatsutopien – ob es sich dabei um Platons „Der Staat" oder marxistische Utopien handelt – haben auch meist das Gegenteil, also nicht offene Zustände, sondern geschlossene Zustände gefördert. Allerdings spricht das nicht gegen Politik bzw. gegen die Beschäftigung mit Politik im Allgemeinen, da dadurch sehr wohl die *Stärke* des Einzelnen gefördert werden kann,[38] nur dagegen, dass sich Politik die Aufgabe stellt, die Menschen glücklich zu machen. Es ist nämlich in der Tat ein sehr hoch einzuschätzendes Gut, wenn es durch politische Gestaltung gelingt, die in ihrem Wirkungsbereich auftretenden Spannungen im sozialen oder wirtschaftlichen Bereich *so gut wie möglich* innerhalb gleichgewichtiger Beziehungen auszutragen, und vor allem die Bürger, die dies tun, zu honorieren. Oder anders ausgedrückt: Es ist schon viel wert, wenn die politisch Handelnden einerseits einen Rahmen schaffen, in dem die Bürger in der Lage sind, sich vor Krieg, Verbrechen, existenzbedrohender Armut etc. in einem hohen Maße zu schützen, und es andererseits gelingt, jeden politischen, sozialen oder wirtschaftlichen Akt aufgrund einer Gewaltenteilung einigermaßen zu kontrollieren und dadurch Machtmissbräuche einzuschränken. Allerdings klappt dies *mehr oder weniger* nur auf Einzelstaat-Ebene in gut funktionierenden Demokratien. Auf internationalem Terrain bleibt hier trotz EU oder UNO noch vieles zu wünschen übrig. Ja, in vieler Hinsicht schaffen es diese

Demokratien nur deswegen so gut – und ich sage damit wahrlich nichts Neues –, weil sie wirtschaftliche und politische Spannungen außerhalb ihrer Grenzen unausgeglichen aufeinander prallen lassen. Kurz: Sie beuten andere Staaten wirtschaftlich und politisch, z. B. als Billiglohnländer, aus.

Aber, wie betont: Politik kann Glück nicht erzeugen. Denn mit dem Mitten-im-Tun-Sein stehen politische Handlungen – auch wenn sie tatsächlich die Beförderung des Guten sind und die Ausübung der *Stärke* des Einzelnen honorieren – in keinerlei *kausaler* Verbindung.[39] In Anlehnung an das Zitat von Fichte bedeutet das: Glücklichsein hängt nicht vom Gutsein ab.[40] Denn es gibt für das Mitten-im-Tun-Sein keinen irgendwie gearteten Maßstab, sondern nur eine paradoxe Beschreibung für etwas, das sich im Endeffekt entzieht. So ist nirgends – ob im Subjektiven, Objektiven, Individuellen oder Allgemeinen – eine Legitimation für das Glück vorhanden. Dies kann als das paradoxe Fazit dieses Kapitels festgehalten werden. Das impliziert allerdings auch: Es kann niemand ausschließen, dass sich sein derzeitiger Glückszustand nachträglich als Illusion herausstellt, weil z. B. der Partner, mit dem jemand dieses Glück erlebt, ihn täuscht oder er einer Selbsttäuschung erliegt. Jedoch werden solche Feststellungen erstens in Zustand 1 getroffen und nicht in Zustand 3 und zweitens: Ein Glückszustand kann sich – wie betont – nur immer *nachträglich* als Illusion herausstellen, aber nicht während des Akts des Tuns selbst. Im Zustand des Glücks selbst haben wir Vertrauen in die Umstände, und das bedeutet: Wir gehen hier intuitiv – unseren bisherigen Fähigkeiten gemäß – davon aus, dass wir uns in diesem Augenblick selbst nicht täuschen oder von anderen getäuscht werden. Darüber hinaus nehmen wir hin, dass wir keine Gewissheit besitzen, weder bezüglich einer absolut täuschungsfreien Wahrnehmung der gegenwärtigen und schon gar nicht der zukünftigen Umstände. Dieses Risiko gehen wir während des Glücklichseins einfach ein. Oder anders ausgedrückt: Das Annehmen dieses Risikos ist mit dem Akzeptieren des Im-Voraus-seins unseres Weltbezugs automatisch verbunden. Wer mehr *will* oder überhaupt versucht, dieses Akzeptieren irrigerweise durch einen Akt des Willens zu erreichen, negiert dieses Akzeptieren gerade und ist nicht bereit für den Zustand der Offenheit, sondern er verfolgt Machtinteressen.

3. Warum ist Glück kein zufälliges Ereignis oder ein zufälliger Besitz?

Wenn Glück nicht legitimierbar ist, ist es dann zufällig?

Aber was ist überhaupt Zufall? Gemäß Odo Marquard[41] können wir zwei verschiedene Arten von Zufall unterscheiden: Das *Beliebigkeitszufällige* und das *Schicksalszufällige*. Bei der ersten Art von Zufall handelt es sich um „‚das, was auch anders sein könnte' und durch uns änderbar ist"[42], also um banale Phänomene des Alltags wie: „Esse ich zum Frühstück Kuchen oder Müsli – beides wäre noch vorrätig, und beides mag ich gleich gern?" Oder: „Ziehe ich heute meine schwarzen oder braunen Socken an – beide sind noch frisch gewaschen?" D. h. das *Beliebigkeitszufällige* sind die täglichen Entscheidungen, die ohne größere Überlegung einfach getroffen werden bzw. passieren. Sie könnten genauso auch anders getroffen werden bzw. passieren, ohne dass dies merkbare Auswirkungen hätte. Entscheidend allerdings ist, dass sie durch uns selbst änderbar sind. Dagegen betrifft das *Schicksalszufällige* „‚das, was auch anders sein könnte' und *gerade nicht durch uns änderbar ist*"[43]: z. B. ein unverschuldeter Unfall, bei dem ich zu einem bestimmten Zeitpunkt bei grüner Ampel eine Kreuzung überquere und von einem betrunkenen Autofahrer angefahren werde. Wäre ich nur einen Moment früher oder später losgegangen, wäre mir nichts passiert. Allerdings war mir die Sicht versperrt. Ich konnte das Auto vorher nicht sehen. Oder ein anderes Beispiel: Die natürliche Zeugung eines Menschen. Ohne dass dies im Ermessen der Eltern läge, sind eine bestimmte Samen- und eine bestimmte Eizelle bei der Zeugung verschmolzen.

Man könnte jetzt noch andere Arten des Zufälligen hinzufügen.[44] Was allen diesen Zufällen aber gemeinsam bleibt, ist, dass sie nicht legitimierbar sind. Sie sind das Gegenteil von „gewiss".

Daraus könnte man folgende Glücksauffassung ableiten: Glück ist etwas, bei dem sich der Zufall – nach Odo Marquards Unterscheidung genauer das *Schicksalszufällige* – zu unseren Gunsten fügt. Menschen mit dieser Ansicht sehen Glück darum weniger als Gefühl oder als etwas rational Verstehbares an, denn als eine Art von Besitz, auch wenn dieser Besitz nicht kontrollierbar ist, sondern dem Zufall überlassen bleibt. Trotzdem hat man entweder diesen Besitz, dann ist man glücklich, oder man hat ihn nicht, dann ist man es nicht. Man kann darum einen Menschen um sein Glück ebenso beneiden wie um seinen Reichtum – selbst wenn dieser Besitz nicht in einer direkten Beziehung zum materiellen Vermögen des Einzelnen steht, sondern vom Zufall abhängt. Dies scheint auch die alltägliche Erfahrung widerzuspiegeln. So gibt es zwar Sprichwörter, wie „Das Glück hilft dem Tüchtigen", aber auch solche, die das Gegenteil ausdrücken, wie „Das Glück ist mit den Dummen". Kurz: Auch die alltägliche Erfahrung scheint zu lehren, dass es keine Kontrolle über das Glück gibt und dass es Tüchtige ebenso wie Dumme treffen kann.

Diese Ansicht über das Glück sagt also: Glück ist erstens etwas *auf der anderen Seite* der erkenntnistheoretischen Trennungsleistungen in Zustand 1 und hat darum genau mit den in Zustand 1 ausgegrenzten Phänomenen zu tun, die gerade nicht gewiss sind. Zweitens ist Glück eine Art von (äußerlichem) Besitz, der vom Zufall abhängt und nicht mit uns, unseren Fähigkeiten und unserem Tun in Zusammenhang steht.

Beide Bestandteile dieser Ansicht sind jedoch irrige Vorstellungen und stehen mit dem Glück, so wie wir es in Zustand 3 erleben, in keinem direkten Zusammenhang.

So hat Glück nichts mit diesen von der Erkenntnistheorie in Zustand 1 ausgegrenzten Phänomenen des Zufälligen zu tun. Denn dann wäre Glück wiederum ein Produkt der Trennungsleistung in Zustand 1, wenn auch ex negativo. Es wäre dann das Ungewisse, das eindeutig vom Gewissen abgegrenzt wäre. Damit würde man aber gerade nicht akzeptieren, wodurch sich das Glücklichsein auszeichnet, nämlich dass es sich als ein Sein im Akt des Tuns jeder Trennungsleistung in Zustand 1 entzieht.

Glück hat auch nichts mit einem (äußeren) Besitz zu tun, der uns *zufällig zufällt*. Denn auch bei diesem Besitzdenken ist eine Trennungsleistung im Spiel und eine vorwiegende Betrachtung aus dem Blickwinkel des Zustands 1, weil es für uns nur in Zustand 1 ein Innen und Außen gibt. In den anderen Zuständen sind wir dagegen von vornherein schon immer mit der Welt verbunden. Genau dies bedeutet unser Im-Voraus-sein. Da Glück nicht in Zustand 1 möglich ist, sondern nur in Zustand 3, hat es auch nichts mit dieser Trennungsleistung zu tun und kann kein äußerer Besitz sein, sondern steht mit unseren intuitiven Fähigkeiten in Verbindung, die wir im Akt des Tuns aufmerksam ausüben.

Aber haben dann Sprichwörter wie „Das Glück hilft dem Tüchtigen" nicht doch einen „wahren" Kern? Haben wir es demnach nicht selbst in der Hand, ob wir glücklich sind oder nicht?

Man kann diese Frage so beantworten: Abhängig ist das Glück nicht von uns, wir können dafür nur bereit sein und unsere Fähigkeiten dafür üben. Denn da wir in Zustand 3 – wenn auch nicht so ausschließlich wie in Zustand 2 – mit der Welt von vornherein verbunden sind, liegt es zwar auch an uns, wie sich Situationen entwickeln; aber da unser Weltbezug in Zustand 3 nicht durch eine Subjekt-Objekt-Beziehung, sondern durch das erwähnte Akzeptieren des Im-Voraus-seins geprägt ist, können wir lediglich unseren Teil dazu beitragen, aber nicht mehr.

Wenn wir darum dieses Sprichwort so auslegen, dass der, der redlich seine Fähigkeiten ausübt, glücklich werden kann (aber beileibe nicht muss), dann ist dagegen nichts zu sagen. Allerdings besagt der Wortlaut etwas anderes. In ihm ist von einem personifizierten Glück die Rede, das genau dem hilft, der sich redlich müht. Glück ist hier also ein Verdienst für den Tüchtigen, das ihm wie andere Verdienste aufgrund seiner Leistungen zufällt. So aber geschieht es in Zustand 3 nicht. Es gibt hier keine kausale Beziehung zwischen „Fähigkeiten ausüben" und Glück in der Form: Wenn ich dies und jenes tue, tritt dieses und jenes Glück ein. Denn dadurch würden zumindest implizit Machtinteressen ins Spiel treten, weil bestimmte Ziele verfolgt werden. Glück hat darum nichts mit der in unserer Gesellschaft so tief verankerten *Homo-faber-Mentalität* zu tun. Es kann nicht durch zielgesteuertes Handeln hergestellt werden. Weder können wir die dafür notwendigen Fähigkeiten und das Glück selbst erwerben,[45] noch kann jemand als *Selfmademan* sein Glück machen, gemäß dem Sprichwort „Jeder ist seines Glückes Schmied". Man kann sich nur in seinen Fähigkeiten üben und für das

Glück bereit sein und so in den zweiseitigen *Glücksfindungs-prozess* eintreten. Ob man dann wirklich glücklich wird, liegt weder in unserem Ermessen noch im Ermessen des Zufalls, sondern bleibt offen.

Das bedeutet allerdings auch, dass uns viele Schicksalszu-fälligkeiten wie Geburt in armen Verhältnissen, Krieg oder Krankheit zustoßen können, die es uns nicht gerade leichter machen, unsere intuitiven Fähigkeiten für Glück auszubil-den, ja uns oft sogar stark behindern oder hindern. Denn wie sollte sich z. B. ein Kriegsteilnehmer der Machtinteres-sen enthalten? Würde das in diesem Fall nicht heißen, Selbst-mord zu begehen? Hier sollten wir uns klar machen, dass es bei Glück nicht um *Friede, Freude, Eierkuchen* geht, d. h. um eine allumfassende Harmonie auf der Welt. Glück meint dagegen eine gleichgewichtige Beziehung im In-der-Welt-sein, also das Austragen und Ausstehen und nicht das Ver-drängen der Spannungen des Seins.

Ist es nicht möglich, die Spannungen auszustehen, sollten wir sehr wohl fragen und prüfen, warum dies nicht geht, und versuchen, unsere Fähigkeiten weiter zu üben. Aber wir sollten, obwohl das natürlich oft sehr schwierig sein kann, nicht mit dem Schicksalszufälligen hadern, sondern versu-chen, es – analog zu unseren Gefühlen – zu akzeptieren und mit ihm zu leben. Denn dieses Schicksalszufällige ist als unsere Erfahrung der Welt unlösbar mit unseren Gefühlen und damit mit uns selbst verbunden – zumindest wenn wir unsere Wirklichkeit nicht ausschließlich in Zustand 1 be-trachten. Kurz: Akzeptieren wir das Schicksalszufällige nicht, akzeptieren wir auch uns nicht. Allerdings heißt das nicht, *alles* dem Schicksal zuzuschreiben, sondern wirklich nur das, was sich als Schicksalszufälliges erweist, also nur „,das, was auch anders sein könnte' und *gerade nicht durch uns änderbar ist"*. Alles andere ist durch uns und unsere Fähigkeiten bzw. unser Tun beeinflussbar, wenn auch nicht beherrsch- und kontrollierbar.

Dabei stellt sich natürlich die Frage nach einer Grenze zwischen Schicksalszufälligem und Nicht-Schicksalszufälligem. Aber die ist nie eindeutig zu ziehen, obwohl dies ein Wunschtraum in Zustand 1 ist. Denn – wie schon oft erwähnt – macht unser Im-Voraus-sein unseres Weltbezugs Trennungen und damit genaue Grenzziehungen unmöglich. Das bedeutet aber nicht, dass wir uns nicht um *Unterscheidungen* bemühen sollen und können. Die können im Gegenteil gerade in diesem Fall sehr wichtig sein, um nicht z. B. aus Bequemlichkeit zu fatalistisch zu leben, nach dem Motto: Ich kann ja sowieso nichts ändern! Denn ändern können wir sehr wohl etwas, wir tun es ja auch die ganze Zeit, nur kontrollieren und beherrschen können wir nichts. Kurz: Wer nur aus einer klaren Position heraus etwas tut, wird eine Ewigkeit damit verbringen, sie überhaupt zu suchen, wird sie aber nicht *finden*, weil es keine klaren Abgrenzungen gibt. Darum heißt es stets nur, zu unseren Positionen – so klar, wie sie für uns im Moment sind – zu stehen und auf dieser Basis zu handeln.

Bevor ich dieses Kapitel abschließe, möchte ich kurz noch auf ein mögliches – in diesem Kapitel entstandenes – Missverständnis eingehen und darum eine weitere traditionelle Glücksauffassung kurz besprechen. Nimmt man nämlich eine klassische griechisch-antike Unterscheidung, in der Glück einerseits als *eutychia* in der Bedeutung „Zufall, unberechenbares Geschick" und andererseits als *eudaimonia* in der Bedeutung „erfülltes Leben" gesehen wird,[46] so könnte man meinen: Meine Untersuchung plädiert für eine Glücksauffassung im Sinne der *eudaimonia*. Aber das täuscht! Denn mit *eudaimonia* wird erstens Glück sowohl mit dem „obersten Gut" verknüpft als auch auf das gesamte Leben bezogen.[47] Das bedeutet: Man ist danach nur glücklich und hat ein „erfülltes Leben", wenn man von der Geburt bis zum Tod ein guter Mensch ist. Im Gegensatz dazu entsteht das von mir beschriebene Glück immer nur in einem Akt des Tuns, der sich in keiner kausalen Verknüpfung zum Guten befindet. Zweitens legt eine *eudaimonia*-Glücksauffassung nahe, Glück von Zufall zu trennen, was in meiner Glücksauffassung gerade nicht geschieht.[48] Denn hier kann Glück gerade nicht vom Zufall abgegrenzt werden, da im Glücklichsein und damit im Sein mitten im Akt des Tuns das Ungewisse und Unberechenbare eben nicht ausgeschlossen ist. Es spielt immer eine Rolle. Nur ist diese Rolle nicht exakt anzugeben. Darum ist Glücklichsein weder mit dem Zufall gleichzusetzen noch mit dem Gegenteil davon.

Gerade in diesem Sinne sollte in diesem Kapitel klar geworden sein, dass Glück nichts Zufälliges ist, auch nichts Schicksalszufälliges, aber auch vom Zufälligen nicht definitiv abgegrenzt werden kann. Es ist also weder etwas Ungewisses noch ein unkontrollierbarer Besitz. Denn solche Auffassungen sind mit einer Trennungsleistung in Zustand 1 verbunden und weisen nicht auf das Glück als ein Sein im Zustand der Offenheit hin. Allerdings heißt das nicht, dass wir das Schicksalszufällige verdrängen können, sondern „im Glück offen sein" bedeutet gerade auch, die durch das Schicksalszufällige auftretenden Spannungen auszustehen. Wie dieses Ausstehen der Spannungen erreicht wird, dass dies nämlich einerseits durch eine Machtform, nämlich die Stärke, eingeübt, andererseits aber Glücklichsein nicht auf Stärke reduziert werden kann, werde ich im folgenden Kapitel darstellen.

4. Warum hat Glück nichts mit unseren Machtinteressen und Allmachtsgefühlen zu tun?

In den vorangegangenen Kapiteln habe ich immer wieder darauf hingewiesen, wie und was die beschriebenen Ansichten zum Glück mit der Verfolgung von Machtinteressen (inklusive Allmachtsgefühlen) zu tun haben. Den Beweis, dass Glück nichts mit Macht zu tun hat, bin ich aber schuldig geblieben. Ich werde ihn auch hier zumindest nicht direkt führen, weil ich so zumindest implizit selbst Machtinteressen verfolgen würde. Denn ich müsste gegen etwas Anderes anschreiben und versuchen dieses Andere zu *ersetzen*. Das geht aber gerade in Bezug auf Glück nicht. Es gibt im Endeffekt keine falsche Ansicht zum Glück, die durch eine richtige *ersetzt* werden könnte – auch wenn dieser Eindruck in den vorangegangenen Kapiteln vielleicht entstanden ist. Denn letztendlich ist jede Ansicht über Glück falsch. Mit jeder verfolgt man Machtinteressen und bleibt in Zustand 1 und 2. Allerdings heißt das nicht nur, dass es keine richtige Ansicht gibt, sondern – wie schon aus Kapitel 2 klar sein müsste –, dass der Maßstab richtig/falsch bzw. wahr/falsch unangebracht ist, weil das Anwenden dieses Maßstabs unweigerlich in eine Machtverstrickung führt.

Was gilt es hier also zu tun? Wie lösen wir uns von diesen Machtverstrickungen?

Ein erster Schritt dazu ist, dass wir den Zustand des Glücks und der Offenheit überhaupt einmal gebührend schätzen lernen. Und das bedeutet, sich klar zu machen: Er ist nur im Tun und nicht in einem davon abgelösten Wissen zu erreichen. Was beim Erreichen des Glückszustands aber sogar einfacher ist: Jeder *kennt* diesen Zustand aus seiner Erfahrung, auch wenn nicht jeder ihn gleich oft und gleich intensiv erlebt. Kurz: Jeder hat die Basis dazu in sich, wenn die darauf aufbauenden Fähigkeiten auch unterschiedlich ausgebildet sind. Jedoch die meisten von uns verfolgen lieber irgendwelche Machtinteressen. Sie wollen gar nicht glücklich sein bzw. verwechseln sogar oft Macht mit Glück.

Das mag für manche zynisch klingen, weil es leider so ist, dass viele unterdrückte Menschen, nur um ihr blankes Leben zu verteidigen, Machtinteressen verfolgen *müssen*. Doch auch für sie gilt, dass sie Macht nicht mit Glück verwechseln dürfen. Ansonsten kann es leicht passieren, dass sie nach Beendigung der Unterdrückung nur von Unterdrückten zu Unterdrückern werden, statt dem Glück ihre Aufmerksamkeit zu widmen. Auch für sie gilt darum, was ihnen als Schicksalszufälliges zustößt, zu akzeptieren, wie schwer das auch immer sein mag, und ihre Spannungen auszugleichen!

Da dies sehr wichtig ist, komme ich darauf unten noch einmal zurück. Aber jetzt *möchte* ich nicht in Sonntagsreden abgleiten und erbauende Vorschläge von mir geben, sondern mich konkret der Frage zuwenden: Warum hat Glück nichts mit Machtinteressen und Allmachtsgefühlen zu tun? Und warum müssen wir überhaupt lernen, davon nicht nur im Denken, sondern vor allem intuitiv frei zu sein bzw. zu werden? Gibt es nicht im Gegenteil viele mächtige Leute, die sehr wohl glücklich sind? Kurz: Ist nicht jemand, der sich z. B. besser durchsetzen kann, dadurch schon ein glücklicherer Mensch?

Darauf ist zu antworten: Menschen, die Macht mit Glück in Verbindung setzen – ob im Denken und/oder Handeln –, gehen immer nur von einer Aufgabe zur anderen, von einem Problem zum anderen, das sie jeweils lösen wollen. Und dieses Tun ist automatisch eine Machtausübung – auch wenn es im ersten Augenblick gar nicht so aussieht. Es muss dabei nicht einmal der Umstand dazukommen, dass diese Menschen im so genannten problemlösenden Denken und Handeln möglichst erfolgreich und besser als andere sein wollen. Schon allein dieses Tun oder nur der Wille dazu, egal ob es um materielle Dinge wie Besitz und Reichtum oder um immaterielle Dinge wie Wissen und Erkenntnis geht, ist Ausübung von Macht. Dies liegt u. a. daran, dass Menschen in ihrer Machtausübung nur ein ständiges *Ersetzen* ersehnter Zielpunkte betreiben, das kein Ende kennt.

So kommen wir in unserem Leben auf unserer Karriere- und Wissensleiter in den Zuständen 1 und 2 von Punkt A zu B, dann zu C, dann zu D etc. Und obwohl jeder dieser Punkte suggeriert, der ersehnte Endpunkt zu sein, zeigt sich immer wieder ein neuer Punkt. D. h. die Mühsal, die mit diesem oft steilen Weg verbunden ist, die vielen Rückschläge oder – noch schlimmer – das Steckenbleiben und vielleicht das Abstürzen lohnen sich nicht einmal. Denn es gibt keinen Punkt bzw. keine erreichbare Position, in der wir unanfechtbar sind. Es gibt kein Wissen, das nicht schon bald wieder überholt ist.

Viele werden vielleicht jetzt sagen: Das ist eine banale Tatsache! Der archimedische Punkt, von dem aus die Welt aus den Angeln gehoben werden kann, ist eine Chimäre. Aber darauf ist zu erwidern: *Theoretisch* ist diese Tatsache vielleicht für viele banal. Aber beim intuitiven Handeln zeigt sich bei den meisten von uns, dass wir doch auf archimedische

Punkte setzen und gerade darum von anderen Menschen, von ersehnten Ereignissen, von irgendeiner Erkenntnis enttäuscht werden können. Kurz: Gerade der Umstand, dass wir enttäuscht werden können, zeigt uns sehr deutlich, dass wir auf bestimmte Sachverhalte oder Menschen fester bauen, als uns gut tut. Es ist darum auch so, dass Enttäuschungen, da sie uns von Täuschungen befreien, als etwas Positives angesehen werden sollten, so schmerzlich sie sind. Denn wir können von ihnen lernen, uns sowohl von archimedischen Punkten zu lösen als auch auf das ständige *Ersetzen* von Zielen zu verzichten.

Manche Menschen, die sich für etwas schlauer halten, zitieren Leitsprüche, wie „der Weg ist das Ziel" oder „man muss primär den Prozess im Auge haben". Aber auch sie betreiben nur ein *Ersetzen.* Denn solange man Wissen und Tun trennt, ist man nicht wirklich gerade *auf dem Weg,* und hat nichts dazugelernt. Jedes Kind, das wirklich *tut,* ist diesen *Schlaubergern* deshalb voraus, da es entscheidend ist, ob jemand wirklich innerhalb eines Prozesses ist und dies nicht nur als Ziel vorgibt bzw. in einem Denk- oder Theoriegebäude erläutert. Das bedeutet vor allem: Im Grunde ist man nur in Zustand 3 nicht in Macht verstrickt. Jeder, der sich in Zustand 1 oder 2 befindet, ist automatisch in irgendeiner Weise von Macht korrumpiert, er denkt und handelt nur ersetzend.

Das werde ich jetzt noch weiter erläutern. Vor allem werde ich umschreiben, was *Macht* konkret ist, und sie als Überbegriff von

- *Gewalt,*
- *physischer Kraft,*

- *Stärke,*

- *psychischer Macht,*

- *dem Willen zum Wissen,*

- *Prestige und*

- *materiellem Reichtum*

darstellen. Dabei geht es mir wiederum nicht um eine vollständige, sondern nur um eine hinweisende Beschreibung in Bezug auf das Glück.

Dieser Unterscheidung *möchte* ich aber noch kurz eine Beschreibung der von mir bis jetzt nur knapp behandelten Machtebenen vorausschicken, die je nach dem, in welchem Zustand wir uns befinden, auftreten: Machtinteressen in Zustand 1 und Allmachtsgefühle in Zustand 2. So bezeichnet in Zustand 1 *Macht* ein Ungleichgewicht von Beziehungen, das die Menschen in Machtausübende und Machterleidende trennt, in Subjekte und Objekte. Diese Beziehungen können interpersonaler und intrapersonaler Art sein, aber auch zwischen Mensch und Natur bestehen. Das bedeutet: Man kann Macht über andere Menschen, über sich selbst sowie über Tiere, Pflanzen etc. ausüben. In Zustand 2 dagegen besteht zwischen dem Machtausübenden und dem Machterleidenden kein Unterschied, weil es keine Trennungen gibt. Allerdings gibt es diesen Zustand in Reinform – wie schon erwähnt – nur bei Kleinkindern und bei stark psychisch gestörten Menschen. In den meisten Fällen hat man es darum mit Mischformen der beiden Zustände und damit der beiden Machtebenen zu tun. Um nicht immer eigens auf diesen Mischfall hinweisen zu müssen, bespreche ich *Macht* im Weiteren – wie schon zuvor – hauptsächlich in der Begrifflichkeit der ersten Ebene, und zwar vor allem deswegen, weil die erste Ebene in unserer Gesellschaft deutlich dominiert. Ich meine dabei aber eigentlich Mischebenen aus beiden Zuständen. Jedoch heißt das nicht, dass die erste Machtebene auch die dominantere sein *muss*. Bis auf den *Willen zum Wissen* – wie ich unten noch erklären werde – könnten bei jedem Mischfall einer Machtform auch Allmachtsgefühle statt Machtinteressen in Form von Trennungen überwiegen.

Die erste Machtform, der ich mich widmen werde, ist die *Gewalt*. Dabei ist zu betonen: Macht ist nicht gleichbedeutend mit *Gewalt*, wie im alltäglichen Verständnis manchmal angenommen wird. Macht erschöpft sich nicht darin, dass der, der sie ausübt, auf sein Gegenüber einen bestimmten Zwang ausübt, weil er ihm glaubhaft mit Nachteilen wie physischen Schmerzen, Freiheitsberaubung oder gar Tod drohen kann.

Allerdings ist es für die *Gewalt* – wie auch oft übersehen wird – im Gegensatz zu einer anderen Machtform, nämlich der *physischen Kraft*, nicht Voraussetzung, in der Lage zu sein, seine Drohungen auch in die Tat umzusetzen. Denn Vorgesetzte und politische Amtsträger, aber auch viele Eltern, können tatsächlich oft nur mit *physischer Kraft* drohen, sie besitzen sie aber nicht in der Weise, diese Drohung auch wahr zu machen. Jedoch können sie diese aufgrund ihrer Stellung bei anderen einklagen und damit indirekt in die Tat umsetzen. Das macht ihre Macht, in diesem Fall genauer ihre Gewalt, aus.

Eine weitere Machtform ist *Stärke*, unter der man nicht nur ein Handeln im Zeichen von Selbstdisziplin und Zivilcourage zusammenfassen kann, sondern vor allem ein erneutes *Finden* des eigenen Zeitrhythmus, und zwar auch unter schwierigen Bedingungen. Stärke ist damit nicht nur bei Persönlichkeiten wie Mahatma Gandhi oder Nelson Mandela zu beobachten, sondern auch bei Alltagsmenschen, die nicht suchtanfällig sind und sich nicht durch gesellschaftlichen Druck oder unhinterfragte traditionelle Gewohnheiten einen ihnen nicht gemäßen Zeitrhythmus aufdrängen lassen. Dabei ist es weniger wichtig, immer im selben Rhythmus zu sein, als in der jeweiligen Situation seinen *eigenen* Rhythmus zu *finden*. Das impliziert aber auch, dass innerhalb der jeweiligen Lebenswelt immer ein Synchronisierungsprozess vorgenommen wird, in dem das Eigene und das Fremde in einer gleichgewichtigen Beziehung auszustehen versucht wird. Das bedeutet, nur vom „eigenen Rhythmus *finden*" zu reden ist eigentlich etwas vereinfachend gesprochen, da es um eine gleichgewichtige Beziehung zwischen Eigenem und Fremdem im Sich-Synchronisieren mit der jeweiligen Weltsituation geht. Aus diesem Grund ist Stärke jedoch nicht nur eine Machtform, sondern paradoxerweise auch eine Anti-Machtform und – wie auch schon in der Einleitung erklärt – eine Meta-Fähigkeit. Denn sie steht immer in Bezug zu anderen Fähigkeiten bzw. sie zeigt sich *inmitten* der Ausübung einer anderen Fähigkeit. Sie spielt deswegen für die Ausbildung der intuitiven Fähigkeiten und paradoxerweise auch für das Freiwerden von Machtinteressen eine wichtige Rolle. Ich komme darauf unten noch ausführlich zu sprechen.

Eine andere Machtform ist die *psychische Macht*. So kann aufgrund der Ausübung von psychischer Macht ein kleiner Junge gegenüber seiner Mutter oder ein Angestellter gegenüber seinen Vorgesetzten nicht nur punktuell, sondern überhaupt bei weitem der Mächtigere sein. Denn rhetorisches Geschick, Ausnutzen bestimmter Schwächen des anderen etc. können den in punkto Gewalt und physischer Kraft Schwächeren durchaus zum Mächtigeren machen. So kann z. B. schon ein kleines Kind seiner Mutter drohen: Wenn ich ein bestimmtes Spielzeug nicht bekomme, schreie ich im Spielwarengeschäft, solange ich kann. Und der Erfolg ist: Die Mutter kauft nicht nur *dieses* Spielzeug, sondern gibt dem Kind auch in anderen ähnlichen Situationen immer wieder nach.

Darüber hinaus gibt es auch noch eine Machtform im übertragenen Sinne, die nicht zu unterschätzen ist: *den Willen zum Wissen*.[49] So unterscheidet uns diese Machtform nicht nur vom Tier, sondern die Menschen versuchen sich auch untereinander durch Ausübung dieser Machtform zu unterscheiden, und zwar nicht nur um eine höhere gesellschaftliche Stellung zu bekommen, sondern, im Extremfall, um die Wahrheit in Form von absoluter Gewissheit zu besitzen und damit den archimedischen Punkt (doch) zu finden. Aber diese Machtform ist auch in gemäßigteren Formen anzutreffen, wie z. B. bei Karl Popper, der nur von einer Annäherung an die Wahrheit spricht. Und selbst radikal erkenntniskritische Auffassungen wie Derridas Dekonstruktion sind nicht frei davon, weil sie – wenn auch auf paradoxe Weise – noch immer Erkenntnistheorie betreiben und eine paradoxe Logik verfolgen. Kurz: Auch sie entkommen dem Ersatzdenken nicht. Auch sie sind noch von Trennungen belastet und haben sich dementsprechend nicht von Zustand 1 gelöst. Als wichtigen Hinweis kann man sich deshalb merken: Auch jemand, der in negativer oder sogar in paradoxer Weise darzulegen versucht, dass es Gewissheit als Form der Wahrheit nicht gibt, hat vom Besitzenwollen der Gewissheit noch nicht *losgelassen* und steht noch im Bann *des Willens zum Wissen.*[50]

Der Wille zum Wissen nimmt gegenüber den anderen Machtformen eine Ausnahmestellung ein, weil er die einzige Machtform ist, bei der Zustand 1 dominieren bzw. die Basis sein muss. D. h. *der Wille zum Wissen* könnte nicht – wie alle anderen Machtformen – in einem mehr oder weniger dominierenden Zustand 2 existieren.

Schließlich möchte ich noch auf zwei Machtformen zu sprechen kommen: *Prestige* und *materiellen Reichtum. Prestige* wird vor allem dadurch bestimmt, welche Wertvorstellungen in einer Gesellschaft vorherrschen. So kann in unserer derzeitigen Gesellschaft ein herausragender Sportler, der eine bestimmte Sportart wie Fußball oder Tennis betreibt, viel höheres Prestige erwerben und damit auch größere Macht besitzen als ein bedeutender Wissenschaftler, der für die Entwicklung der Menschheit bedeutende Entdeckungen, z. B. in der Atomphysik oder in der genmedizinischen Forschung, gemacht hat.

Materieller Reichtum hingegen ist für viele ein Generalmaßstab für Macht schlechthin – vor allem in kapitalistischen Systemen, nach dem Motto: *Geld regiert die Welt.* Materieller Reichtum kann aber z. B. durchaus in Händen von Menschen liegen, die sich in punkto Stärke oder psychischer Macht als sehr schwach erweisen. Und selbst wenn dies nicht der Fall ist, gibt es nicht nur Starke, die sich von diesem materiellen Reichtum nicht korrumpieren lassen, sondern ein Reicher – und wäre er momentan der reichste

Mensch der Welt – muss immer davon ausgehen, dass er dies nur zeitweise ist und in dieser Machtform jederzeit überflügelt werden kann.

Man könnte die Liste von Machtformen beliebig erweitern. Aber um Vollständigkeit geht es mir – wie schon erklärt – nicht, sondern um das Verhältnis von Macht und Glück. Dabei ist festzustellen: Die Machtformen sind so vielfältig, dass niemand überall der Mächtigste sein kann, ja, auch in einer Machtform kann man immer nur zeitweise der Mächtigste sein. Trotzdem versuchen wir dies oft – und sei es auch nur auf lokaler Ebene, z. B. als Schützenmeister eines Dorfes. Aber wie schon gesagt: Dabei denken und handeln wir vor allem von einem Zielpunkt zum anderen. Nicht das Tun selbst ist uns wichtig (bzw. besser ausgedrückt: das Sich-Befinden im Akt des Tuns), sondern das Ziel, das wir damit erreichen können. Darüber hinaus sind wir sogar oft dazu gezwungen, schon erreichte Ziele gegenüber anderen Personen zu verteidigen. Kurz: Wir setzen uns einem Zwang aus, der nie zu einem endgültigen Ziel führt und uns vor allem vom Glück isoliert. Aber wie auch schon gesagt: Wir sind von Macht stets korrumpiert, wenn wir uns in Zustand 1 und 2, also dem Zustand der Trennungen und dem Zustand der ursprünglicheren Einheit, befinden. D. h. die beschriebenen Arten der Machtausübung prägen unser Leben in diesen beiden Zuständen. Der Unterschied der Machtausübungen in Zustand 1 und 2 besteht lediglich darin, dass wir im Zustand der Trennungen *scheinbar bewusst* Strategien zur Machtausübung entwerfen, weil wir hier zwischen Theorie und Praxis, Wissen und Tun versuchen zu trennen, während wir dies im zweiten Zustand *scheinbar unbewusst* tun. Die *be-*

rühmte Differenzierung: Wir entscheiden in einer Sache *vom Kopf* her, in der anderen *vom Bauch* her, beschreibt das unterschiedliche Ausüben von Macht in diesen beiden Zuständen sehr anschaulich. Das Ergebnis der Machtausübung, etwa die Unterdrückung von anderen, kann dabei völlig identisch sein, nur der Umstand, wie scheinbar bewusst wir uns dessen sind bzw. ob wir eine Trennung vornehmen oder nicht, gibt Auskunft über den Zustand, in dem wir uns dabei gerade befinden. Ich schreibe hier explizit von *scheinbar bewusst bzw. unbewusst*, da diese Unterscheidung nur im Zustand 1 Gültigkeit hat. Im Zustand 2 kümmert uns diese Unterscheidung nicht.

Entscheidend für unser Glück aber ist, uns dieser Arten der Machtausübung zu enthalten. Aber das bedeutet auch, in einen anderen Zustand zu wechseln und offen zu sein. Dabei hat dieser Zustand der Offenheit viel damit zu tun, dass wir uns in einem Zustand von gleichgewichtigen Beziehungen befinden. Denn im Gegensatz dazu werden alle beschriebenen Machtformen mit Ausnahme der Stärke von ungleichgewichtigen Beziehungen geprägt.[51] Das impliziert nicht nur, dass Menschen sich im politischen, wirtschaftlichen und familiären Leben gegenseitig unterdrücken oder dass Menschen sich die Erde (oder das Universum) inklusive Tier- und Pflanzenwelt untertan machen (wollen), sondern das fängt schon im Umgang der einzelnen Menschen mit sich selbst an. Kurz: Wir wenden auch gegen uns selbst Macht an.

Darum *möchte* ich jetzt auf das Problem unseres *Egos* eingehen, ein Problem, das nicht nur bei so genannten *Egoisten* und *Egozentrikern* festzustellen ist, sondern bei jedem, der nicht unterscheidet, dass er nur in Zustand 1 als Subjekt von Objekten getrennt ist, nicht aber in Zustand 2 und 3. So lebt er nämlich in einem zementierten Bild von sich, in dem er sich nicht nur ständig von anderen Objekten bzw. der objektiven Welt trennt, sondern sich auch ständig von *sich selbst* als Objekt (z. B. als Wahrnehmungsobjekt) trennt. Allerdings muss er sowohl die anderen beiden Zustände ignorieren als auch den Umstand, dass wir die Grenzen zwischen Ich und Welt, Subjekt und Objekt nie eindeutig ziehen. So benennen wir z. B. unseren materiellen Besitz zumindest mit „mein" und differenzieren ihn dadurch nicht genau von dem, was wir mit „Ich" bezeichnen. Darüber hinaus sprechen wir von uns selbst z. B. als „Körper", „Geist", „Seele" oder „Bewusstem" und „Unbewusstem" und meinen einmal mit „Ich" alle diese Teile, einmal nur einen Teil davon und trennen zwischen diesen Teilen in Subjekt und Objekt.

Auch berücksichtigen wir mit einem zementierten Bild von uns nicht, dass für diese Trennungen unser Sein in einer geschichtlichen und gesellschaftlichen Welt eine Rolle spielt. So hätten wir im Mittelalter oder im Altertum mit „Ich" und vor allem mit „Subjekt" etwas anderes benannt als in unserer Gegenwart, da bis zu Descartes gerade Subjekt und Objekt eine umgekehrte Bedeutung hatten.[52]

Allerdings entscheidend ist: Jeder, der sich mit diesem Ego-Bild von sich und der Welt in einer ständigen Abspaltung befindet, favorisiert damit nicht nur in abstrakter Weise Zustand 1, sondern er steht damit auch in einer zementierten *ungleichgewichtigen Beziehung*. D. h. es kann sein, dass er augenscheinlich nie anderen gegenüber Macht ausübt, und trotzdem kann er sich durch sein Ego-Bild in einer ständigen *ungleichgewichtigen Beziehung* befinden. Allerdings besteht zwischen der Machtausübung gegen sich und andere durch die in beiden Fällen ausschlaggebende Subjekt-Objekt-Trennung eine Äquivalenz, so dass sich im Normalfall der Umgang mit uns selbst im Umgang mit anderen und der Welt widerspiegelt, vice versa. Kurz: Mit einem zementierten Ego-Bild wird man sehr wahrscheinlich sowohl gegen sich als auch gegen andere vorwiegend Macht ausüben. Darum sehe ich es als angemessenen Ansatzpunkt an, durch Freierwerden im Umgang mit unserem Ego auch in unseren anderen Umgangsarten freier zu werden. Allerdings können wir ebenso gut den umgekehrten Ansatzpunkt wählen.

Nach dem gerade Erörterten müsste klar sein, dass wir im Umgang mit unserem Ego vor allem dann freier werden, wenn wir uns klar machen, dass wir mit „Ich" intuitiv je nach Situation etwas anderes bezeichnen und uns damit von der Welt und uns immer neu *unterscheiden* und nicht *trennen*. Denn so lassen wir die grundsätzliche Verbindung des Im-Voraus-seins unseres Weltbezugs unangetastet bzw. akzeptieren sie. M. a. W., wir müssen nicht vermeiden, überhaupt „Ich" zu sagen bzw. Unterscheidungen zwischen uns und der Welt – in welcher Form auch immer – vorzunehmen, sondern wir dürfen diese Unterscheidungen nur nicht als feststehend ansehen und sie so zu Trennungen machen. Denn während des ständigen achtsamen Wechsels der Unterscheidungen treten gerade im Zeitpunkt des Wechsels immer wieder Zustände der Offenheit ein – und damit nichts anderes als gleichgewichtige Beziehungen.

Allerdings ist dies sehr schwer konkret, d. h. vor allem mit anschaulichen Beispielen, zu erläutern. Ich möchte es daher mit *Ex-negativo*-Beschreibungen versuchen, mich also einer Befreiung vom Ego bzw. einer Hinführung zu einer *gleichgewichtigen Beziehung* von dem her nähern, was sie nicht ist.

In vieler Hinsicht ist unser tägliches Leben davon geprägt, was man als *das* kapitalistische Motto bezeichnen kann: *Mehr nehmen als geben.* Dies gilt allerdings nicht nur im wirtschaftlichen Leben, in dem für jedes Unternehmen zutrifft, dass der Gewinn genau das ist, was im Austausch von Geben und Nehmen auf der Nehmerseite übrig bleibt. Dies gilt auch nicht nur in Liebesbeziehungen, in denen es für die meisten mehr zählt, geliebt zu werden, als zu lieben, weil man so in der mächtigeren Position ist. Dies gilt paradoxerweise auch im Umgang mit dem Ego. Viele Suchtbewegungen sind gerade darauf zurückzuführen, dass wir in Bezug auf uns selbst mehr nehmen als geben oder dies zumindest versuchen. Denn wir müssen bei diesen Versuchen gnadenlos scheitern. Was eigentlich klar erscheint: „Wer einatmet, muss auch wieder ausatmen" oder „Wer isst und trinkt, muss auch wieder etwas ausscheiden" oder „Wer sich anstrengt, muss sich auch wieder erholen" wird von vielen sehr ungleich beherzigt. D. h. natürlich nicht, dass gewisse Leute nicht ein- und ausatmen oder nicht essen und trinken und wieder ausscheiden würden. Die Frage ist aber, *wie* sie das tun. Ob sie kurzatmig sind, ihre Atemwege verstopft sind, ob sie wahllos in sich hineinfressen und trinken, an Durchfall oder Alkoholsucht leiden.

Ich *möchte* hier keinen falschen Eindruck erwecken. Mir geht es nicht um eine medizinische Argumentation. Ich werde auch darum nicht auf Stoffwechselerkrankungen eingehen. Ich hätte hier ebenso gut Fälle wie Geiz ansprechen können, der nicht nur ein soziales Zwangsverhalten gegenüber anderen, sondern auch sich selbst gegenüber ist. Um was es mir geht, ist, dass solche Menschen – und ich nehme mich hier nicht aus – bestimmte intuitive Fähigkeiten zu wenig gelernt haben, die mit der paradoxen Machtform der Stärke zu tun haben. Stärke ist nämlich – als eine Seite des *Glücksfindungsprozesses* – die Art und Weise, wie wir am besten lernen können, von unserem Ego frei zu werden, weil wir dadurch in all diesen Bereichen – ob Essen, Trinken oder Umgang mit Geld – lernen, unseren *eigenen* Rhythmus im Sich-Synchronisieren mit dem *Fremden* zu *finden* und uns so von der Welt nur unterscheiden, nicht abspalten.

Aber wie kann dies gelernt werden? Denn eines muss klar sein: Stärke darf nicht mit dem sturen Einüben eines bestimmten Rhythmus verwechselt werden, sonst zementieren wir nur unser Ego. Auch bloße Durchsetzungskraft ist nicht identisch mit ihr. Das Üben der Stärke bedeutet darum neben dem steten Versuch, den eigenen Lebensrhythmus zu *finden*, auch auf den richtigen Augenblick warten zu können. Der Übergang zum Glück ist dabei immer fließend. Denn Glück tritt immer dann ein, wenn ein solcher Lernprozess in einem bestimmten Akt gerade zu einem Mitten-im-Tun-Sein führt und so die Machtform *Stärke* in der Ausübung zu einem Zustand der Offenheit wird, d. h. beide Seiten des *Glücksfindungsprozesses* zusammen*finden*. Auf diese Weise können wir einerseits die Machtform der Stärke als einer Art *Voraussetzung* des Glücks erlernen, andererseits haben wir sie einfach erfahren, wenn wir glücklich sind.[53]

Dabei möchte ich noch zwei Punkte betonen: Erstens gehe ich zwar davon aus, dass wir nur aufgrund von Stärke zu

Glück übergehen können. Aber Stärke allein genügt nicht, da sie immer noch eine Machtform ist. Darum beschreibe ich sie auch nur als *eine* Seite des *Glücksfindungsprozesses*. Und zweitens kann gar nicht oft genug darauf aufmerksam gemacht werden, dass auch diese Ausführungen nur als Hinweise und nicht als etwas Gewisses aufgefasst werden dürfen. Mir liegt es also auch hier fern, etwas zu beweisen, da es nicht zu beweisen ist. Denn wie Glück – siehe Kap. 2 – ist auch Stärke nicht legitimierbar. Auch sie kann nicht konkret definiert werden. Das bedeutet: Sie ist nicht nur keine Voraussetzung für Glück, sondern sie kann auch nicht wirklich als „die eine Seite des *Glücksfindungsprozesses*" angesehen werden, obwohl ich sie so beschreibe. Diese Paradoxie kann nicht aufgehoben werden.

Aber dann stellt sich die Frage noch mehr: Wie können wir Stärke lernen? Es ist jetzt für viele wahrscheinlich zu banal, darauf zu antworten: Indem wir genau das Atmen, Essen oder Anstrengen verbessern. Denn es ist tatsächlich eine banale Tatsache, aber es ist so: Gehetzte Menschen, die nicht auf den richtigen Augenblick warten können, verkrampfen beim Atmen, Essen, Anstrengen und sind nicht in der Lage, ihren eigenen Rhythmus zu *finden*. Sie müssen sich darum in diesen Akten von der Welt abspalten, statt in Verbindung mit der Welt mitten im Akt des Tuns zu sein.

Mir ist allerdings klar, dass diese Antwort noch zu abstrakt ist. Ich werde sie trotzdem einmal so stehen lassen und mich folgendem zuwenden: Gerade habe ich Stärke als etwas beschrieben, mit dessen Hilfe man den eigenen Rhythmus bzw. den rechten Augenblick *finden* kann. Was heißt das? Wie kann so etwas geschehen bzw. gelernt werden?

Zur Beantwortung dessen *möchte* ich – von der anderen Seite des *Glücksfindungsprozesses* her argumentierend – in Erinnerung rufen, dass Glücklichsein nichts anderes heißt, als im eigenen Rhythmus das Rechte zum rechten Zeitpunkt zu tun. Das bedeutet nämlich „mitten im Akt des Tuns sein". M. a. W., wenn wir glücklich sind, ist schon immer unsere bisher ausgebildete Stärke in Glück übergegangen, und wir zeigen damit implizit, dass wir diese Meta-Fähigkeit für diesen Augenblick richtig gelernt haben müssen und unseren eigenen Rhythmus gefunden haben. Was wollen wir also mehr?

Wir wollen natürlich nach diesem Augenblick nicht wiederum in die alte Gehetztheit zurückfallen. Denn dadurch kommt es uns immer wieder so vor, dass wir die gerade ausgeübte Stärke, die in Glück überging, verlernt haben.

Aber wie können wir dies ändern?

Meine Antwort darauf lautet: Indem wir die Meta-Fähigkeit der Stärke ständig konzentriert üben! Allerdings müssen wir dazu überhaupt einmal genauer wissen, was Stärke konkret ist.

Ich *möchte* dazu zweimal aus Nelson Mandelas Autobiographie zitieren, und zwar zunächst einmal seine abschließenden Worte zum Befreiungsprozess, da hier sehr gut deutlich wird, dass es bei der Ausübung von Stärke immer um zwei Seiten geht – Unterdrückte und Unterdrücker –, die zu einer gleichgewichtigen Beziehung kommen müssen, damit Freiheit entstehen kann:

„Ich wußte so gut, wie ich nur irgend etwas wußte, daß der Unterdrücker genauso befreit werden müßte wie der Unterdrückte. Ein Mensch, der einem anderen die Freiheit raubt, ist ein Gefangener des Hasses, er ist eingesperrt hinter den Gittern von Vorurteil und Engstirnigkeit. Ich bin nicht wahrhaft frei, wenn ich einem anderen die Freiheit nehme, genauso wenig wie ich frei bin, wenn mir meine Freiheit genommen ist. Der Unterdrückte und der Unterdrücker sind gleichermaßen ihrer Menschlichkeit beraubt.

Als ich das Gefängnis verließ, war es meine Aufgabe, beide, den Unterdrücker und den Unterdrückten, zu befreien. Manche sagen, das sei nun erreicht. Doch ich weiß, dies ist nicht so. Die Wahrheit ist, wir sind nicht frei; wir haben erst die Freiheit erreicht, frei zu sein, das Recht, nicht unterdrückt zu werden. Wir haben nicht den letzten Schritt unserer Wanderung getan, sondern den ersten Schritt auf einem längeren, noch schwierigeren Weg. Denn um frei zu sein, genügt es nicht, nur einfach die Ketten abzuwerfen, sondern man muß so leben, daß man die Freiheit des anderen respektiert und fördert."[54]

Mandela stellt mit diesen Worten nicht nur die beiden Pole der Befreiung (Unterdrückte und Unterdrücker) dar, die es auszugleichen gilt, sondern auch, dass es dabei um einen andauernden Prozess geht, der Schritt für Schritt vorangebracht werden muss. Was er hier für interpersonale Beziehungen beschreibt, gilt äquivalent auch intrapersonal und im Verhältnis der Menschen zur Natur. Überall müssen diese Schritte der Befreiung von Unterdrückten und Unterdrückern geleistet werden, und zwar nicht nur einmal, sondern ständig. Nur unter dieser Voraussetzung kann sich ein eigener Rhythmus im Sich-Synchronisieren mit dem Fremden bilden bzw. können gleichgewichtige Beziehungen entstehen.

Dabei ist die Machtform und Meta-Fähigkeit, die hinter dieser Befreiung steht, genau das, was ich „Stärke" nenne. Aber diese Meta-Fähigkeit ist nicht mit Glück gleichzusetzen. Stärke ist nur eine Art Voraussetzung einer gleichgewichtigen Beziehung. Sie allein führt aber nicht dorthin. Um das zu veranschaulichen, zitiere ich nochmals Mandela, und zwar eine Aussage zu seinem langen Gefängnisaufenthalt:

„Wenn man im Gefängnis überleben will, muß man Wege finden, um sich im täglichen Leben Zufriedenheit zu verschaffen. Man kann sich ausgefüllt fühlen, wenn man seine Kleidung so wäscht, daß sie besonders sauber ist, wenn man den Korridor völlig von Staub befreit oder indem man seine Zelle so einrichtet, daß sie möglichst viel Platz bietet. Den gleichen Stolz, den man außerhalb des Gefängnisses bei folgenreichen Tätigkeiten empfindet, kann man sich drinnen auch verschaffen, indem man kleine Dinge tut."[55]

Die hier beschriebene Stärke in Form von Selbstdisziplin, die Fähigkeit, das in einer schwierigen Lage Erreichbare anzupacken und sich keine höheren Ziele zu stecken, zeitigt als Konsequenzen sehr wohl positive Gefühle wie Zufriedenheit oder Stolz, aber keinen Glückszustand. Trotzdem sind die beschriebenen Gefühle gerade in schwierigen Lagen sehr wichtig. Darüber hinaus geht Mandela bei ihrer Beschreibung auch auf das *Finden* eines eigenen Rhythmus ein,[56] und die so beschriebene Art von Stärke kann darum sehr wohl als eine Leistung im Übergang zum Mitten-im-Tun-Sein und damit zum Glück aufgefasst werden. Denn die Betonung der Ausgefülltheit und des Tuns ist nicht zu übersehen. Aber dies alles bleibt eine *Leistung* der Stärke, und Mandela spricht mit gutem Grund nicht vom Erleben eines Glückszustands. Denn dazu gehört mehr, da Stärke nur eine Meta-Fähigkeit ist und immer eine Leistung bzw. allgemein eine Machtform bleibt, auch wenn sie letztendlich eine paradoxe Machtform ist.

Stärke ist zwar in vieler Hinsicht die Basis des Glücks, die wir benötigen, um zum Ausgleich der gegenwärtigen Spannungen zwischen Unterdrückern und Unterdrückten (auf welcher Machtebene auch immer) zu kommen. Auch ist sie gerade dadurch eine Seite des *Glücksfindungsprozesses*. Aber Stärke ist nur der Versuch und die ständige Übung darin, zu diesem Ausgleich zu kommen, und zwar von uns aus – auch wenn wir dabei beide Pole berücksichtigen (siehe das erste Mandela-Zitat). Da wir aber in unserem ständigen Synchronisierungsprozess von vornherein immer in Verbindung mit der Welt sind, muss auch die Welt durch einen entsprechenden Prozess des Sich-Synchronisierens zu diesem Ausgleich beitragen. Diesen letztgenannten Prozess können wir nicht erzwingen, wir können nur dafür bereit sein.[57] Trotzdem können wir auf unserer Seite einiges tun. So hat Stärke auch mit dem Fragen und Prüfen unseres Tuns im Leben zu tun und damit, welche Konsequenzen wir daraus ziehen. Dabei darf nicht verwundern, dass dieses Fragen und Prüfen weniger innerhalb des Zustands 3 passiert, sondern vor allem in Zustand 1 und 2. Deswegen wäre es Unsinn, nach einem dauerhaften Glück zu streben, weil wir uns dann von einer Weiterentwicklung isolieren würden und die Gefahr des Verfalls in Selbstzufriedenheit sehr groß wäre.[58] Das bedeutet aber natürlich nicht, dass diese Weiterentwicklung ein linearer Fortschritt ist. Denn das würde mit einer Zielvorstellung verbunden sein, die das *Finden* von Glück unmöglich macht. Es ist vielmehr so, dass sich die zwei Seiten des *Findens* – der Weg vom Nicht-Glück zum Glück und das Erleben des Glücks – immer wieder verschränken und es fatal wäre, eine Seite zu sehr zu betonen. Denn Anwesendes ist immer mit Abwesendem, und zwar in jeder Form, verknüpft. So verweist jeder der drei Zustände auf den anderen. Keiner ist ohne die anderen denkbar – auch wenn dies in Zustand 1 und 2 oft nicht so aussieht. Denn es herrschen immer Spannungen zwischen den Zuständen. Allerdings werden diese Spannungen nur im Zustand des Glücks offen ausgetragen, während sie in den anderen Zuständen verdrängt werden. In Bezug auf Stärke heißt das: Während wir oft diese Spannungen nicht ausstehen, versuchen wir durch Stärke ein Ausstehen der Spannungen zu schaffen. Dies ist sehr wichtig, allerdings weder notwendig noch gar hinreichend für das Glück. Dazu muss noch etwas hinzukommen, das so genannte „gewisse Etwas", das nicht beherrschbar ist, auch wenn wir das noch so sehr *wollen*; das sich Entziehende *schlechthin*, das weder erkenntnistheoretisch noch philosophisch noch religiös noch sonst irgendwie bestimmt werden könnte, aber trotzdem *ist*. Denn Glücklichsein hat – wie schon oft betont – mit Freisein von Machtinteressen – egal welcher Art – zu tun. Sind wir davon nicht frei und äußert sich dieses Unfreisein lediglich in einem *Wollen*, ist der Zugang zum Glück versperrt, da gerade das *Wollen* ein sehr starkes Machtinteresse ist. *Wollen* heißt nämlich automatisch, dass wir unser Im-Voraus-sein unseres Weltbezugs nicht akzeptieren, sondern einen bestimmten Weltbezug von uns selbst aus dafür setzen. Dabei ignorieren wir, dass uns das Im-Voraus-sein des Weltbezugs nicht einmal eine klare Grenze zwischen uns und die Welt zu setzen erlaubt. Das bedeutet: Erstens ist es nie klar, welche unsere Seite und welche die der Welt ist. Und zweitens: Wir können letztendlich weder die eigene noch die andere Seite beherrschen. Denn um das tun zu können, müssten wir zumindest wissen, was diese Seiten genau sind. Aber all dies entzieht sich uns, und all dies können wir nur akzeptieren. Da wir das aber nur in Zustand 3 können, heißt das drittens sogar: Wir scheitern in den anderen Zuständen von vornherein mit unserem Machtstreben, weil wir nie alles beherrschen können.

Kurz: Jedes Machtstreben ist automatisch mit Ohnmacht verbunden. Dies zu akzeptieren fällt aber leider sehr schwer.

Genauso fällt es Ihnen, liebe Leserin und lieber Leser, vielleicht jetzt schwer, diese Beschreibung zu akzeptieren, weil Ihnen diese Beschreibung zu *wenig* ist und Sie nach dieser Ausführung noch immer nicht *wissen*, was Stärke an sich und vor allem im Unterschied zu Glück ist. Aber hier kann ich nicht weiterhelfen. Hier ist nämlich Ihr Streben nach Aneignung und Macht im Lesen auch mit einer Ohnmacht verbunden. Denn natürlich sollte klar sein, dass all dies nicht zu *wissen* ist. Und auch, dass meine Beschreibung nur von meinem Weltbezug aus, der mit meinem speziellen Zeitrhythmus zusammenhängt, erfolgt. Jeder hat aber einen anderen Weltbezug und einen *eigenen* Zeitrhythmus. Darum ist hier auch jeder Einzelne gefragt, in sich zu gehen und darauf aufbauend zu lernen, was in seinem Kontext Stärke und Glück konkret ist. Hier bin ich mit meinem Buch an eine Grenze gelangt, obwohl ich natürlich nicht angeben könnte, wo diese Grenze genau ist. Diese Grenze ist, wie in allen anderen Fällen auch, für jeden Einzelnen nur durch eine Unterscheidung zu erlangen, die niemals definitiv ist und nur für einen bestimmten Zeitpunkt *gefunden* werden kann. Anders ausgedrückt: Wie jeder nur selbst sein Glück erleben, sich dessen aber nie sicher sein kann, kann auch jeder nur selbst *seine* Art des Lernens der Stärke *finden* – mit einer ähnlichen Unsicherheit. Dies gehört immer zusammen und macht den zweiseitigen *Glücksfindungsprozess* aus.

M. a. W., wir können uns zu guter Letzt auf keine *Helfer* und *Sicherheiten* stützen. Denn sonst wäre ein Machtstreben und Ungleichgewicht von Spannungen und gerade kein

Gleichgewicht vorhanden. Weder mein Buch noch sonst eines oder irgendein anderer Mensch kann darum eine Stütze für das *unsichere* Erreichen eines Ausgleichs beim Einzelnen sein. Es wäre in jedem Fall nur immer ein Ersatz dafür. Darum gilt: Genauso wie es keine Stütze in Form einer Legitimation für Glück gibt, sondern wir nur unseren paradoxen Zustand des Geworfenseins mit allen dazugehörigen Schicksalszufälligkeiten akzeptieren können, müssen wir auch den Sachverhalt akzeptieren, dass wir unsere eigene Stärke und das Bereit-Sein für das Glück nur selbst erreichen und erleben können. Auf diese Weise lernen wir nämlich, mit Ersetzungen bzw. Austauschakten aufzuhören und sowohl frei von unserem Ego als auch von unseren Machtinteressen zu werden. Denn im Tun des Richtigen zum richtigen Zeitpunkt ersetzen wir nicht mehr, d. h. auch wir selbst sind dann nicht mehr ersetzbar und austauschbar.

Genau das kann als Fazit für die in diesem Kapitel untersuchte Frage „Warum hat Glück nichts mit unseren Machtinteressen und Allmachtsgefühlen zu tun?" festgehalten werden.

5. Warum ist Glück ein Zustand der Offenheit?

Nachdem ich in den bisherigen vier Kapiteln hauptsächlich beschrieben habe, was Glück nicht ist, werde ich hier darstellen, wodurch sich Glück vor allem (positiv) auszeichnet, nämlich durch Offenheit.

So beschreibe ich zunächst den Unterschied zwischen der Offenheit des dritten Zustands und der Geschlossenheit der beiden übrigen Zustände. Dadurch *möchte* ich im Anschluss an das letzte Kapitel nochmals deutlich machen, dass der dritte Zustand paradoxerweise gerade aufgrund dieser Offenheit immer in Bezug zu und in Auseinandersetzung mit den beiden anderen Zuständen steht und so die *Vorstellung* eines dauernden Glückszustands Unsinn ist. Jedoch darf zweitens nicht übersehen werden, dass es bei keinem Menschen einen reinen Zustand 1, 2 oder 3 gibt. Es treten also alle drei Zustände immer in irgendwelchen Mischungen auf. Man könnte zwar versuchen, andere Einteilungen der Zustände vorzunehmen, um die bisherigen Mischzustände aufzulösen. Aber ob man jetzt in 3, 5, 10 oder 15 Zustände unterteilt, ganz wird man Mischungen nie eliminieren können. Auch dies ist gerade eine Eigenschaft von Offenheit. Darum ist es auch unmöglich, Offenheit adäquat in einer erkenntnistheoretischen Untersuchung zu behandeln, die immer durch mehr oder weniger geschlossene Grenzen geprägt ist. Stattdessen kann man dafür nur Hinweise geben. Drittens sind die Zustände – das darf nie vergessen werden – nichts Statisches, sondern stehen für ein Leben in bestimmten Zeitrhythmen. Anders ausgedrückt: Sie haben also immer einen konkreten Situationsbezug auf die jeweilige Zeit und den jeweiligen Ort des Tuns. Der Zustand 3 zeichnet sich auch hier durch seine Offenheit aus. Schließlich viertens: Wenn man im Zustand 3 ist, dann kommt einem die Einteilung in die verschiedenen Zustände, das Gerede von Geschlossenheit und Offenheit, von Rhythmen unwichtig vor. Allerdings verdrängt man dies im Gegensatz zu Zustand 2 nicht. Auch das ist paradoxerweise eine wichtige Erfahrung des Zustands der Offenheit und damit des Glücks, die sich im Humor und im Lachen eines Menschen zeigt.

Ich habe bisher die drei Zustände vor allem hinsichtlich des Verhältnisses von Ich und Welt beschrieben. Der erste Zustand ist danach der Zustand der Trennung von Ich und Welt, der zweite der Zustand der ursprünglicheren Einheit von Ich und Welt und der dritte der Zustand der offenen Beziehung zwischen Ich und Welt. Als geschlossenen Zustand habe ich dabei vor allem Zustand 2 dargestellt, in dem wir uns durch Verschmelzung mit *unserer* Welt von der *übrigen* Welt abschließen. Aber natürlich ist auch der erste Zustand ein geschlossener Zustand, weil wir in ihm aufgrund unserer Trennungen ständig Grenzen setzen. Zwar sind diese Grenzziehungen immer nur sehr kurz gültig, weil wir sie ständig durch neue Grenzen ersetzen, aber wenn wir in diesem Zustand leben, unterliegen wir ständigen Einschließungs- und Ausschließungsprozessen.[59] Dabei unterscheiden wir uns in puncto Geschlossenheit vom Leben im Zustand 2 vor allem hinsichtlich der Radikalität. An dieser Stelle möchte ich darum darstellen,[60] dass der Zustand 1 ein beschleunigter Zustand 2 ist und sich aufgrund der Dauer der Gültigkeit unserer Grenzziehungen von ihm abhebt. Nicht von ungefähr leben wir im Zustand 1 in einem geschlossenen

*kurz*weiligen Rhythmus und im Zustand 2 in einem geschlossenen *lang*weiligen Rhythmus. Während ein Leben in
einem geschlossenen kurzweiligen Rhythmus von ständiger
Gehetztheit geprägt ist, von einem Ziel zum nächsten zu
kommen, halten wir in geschlossenen langweiligen Rhythmen an Gewohnheiten, Ansichten etc. sehr fest und sind
insgesamt – nicht nur in materieller Hinsicht – von einem
starken Besitzdenken geprägt. Grob könnte man sagen: Im
ersten Zustand sind wir hauptsächlich der Zukunft und im
letzteren hauptsächlich der Vergangenheit zugewendet. Jeder
von uns favorisiert dabei in seinem Leben einen der beiden
Zustände, die meisten – gesellschaftlich bedingt – wohl den
ersten. Allerdings heißt das nicht, dass viele den zweiten
Zustand gar nicht kennen, und zwar schon deshalb, weil er
ursprünglicher als der erste ist und damit auch die Basis für
ihn bildet. Wie gesagt: In vieler Hinsicht ist der erste Zustand ein radikalisierter zweiter Zustand und unterscheidet
sich lediglich durch die kürzere Weile der Geschlossenheit
von ihm. Darum wechseln wir in unserem Leben meistens
zwischen diesen beiden Zuständen hin und her. Ein Leben
in der Gegenwart bzw. – besser ausgedrückt – im „Mitten-
im-Tun-Sein" ist uns in diesen Zuständen aber nicht möglich. Dies zeigt sich auch darin, dass wir in diesen beiden
Zuständen ständig in *Vorstellungen von etwas* leben. Dadurch
nehmen wir die Welt weder aufmerksam wahr noch akzeptieren wir das stete Im-Voraus-sein unseres Weltbezugs.
Auch vom Glück haben wir in diesen Zuständen nur Vorstellungen und verbinden es z. B. nicht nur mit „viel Geld
haben", sondern auch mit „allein sein ohne Verpflichtun-
gen" oder „einen hübschen und intelligenten Partner haben"

oder „Teil einer starken Nation sein". Aber dies alles sind wiederum Machtinteressen – hier speziell die von mir als *Reichtum*, *psychische Macht* und *Prestige* beschriebenen Machtformen. Das bedeutet: Ein Leben in der Geschlossenheit von Vorstellungen ist gleichzeitig immer ein Leben in der Verfolgung von Machtinteressen. Offenheit heißt also vor allem auch „frei von Vorstellungen sein" und damit paradoxerweise auch „sich nicht etwas bewusst sein". Denn „Vorstellungen von etwas haben" und ein „Bewusstsein von etwas haben" sind identisch.

Allerdings darf dabei nicht ignoriert werden: Jeder Zustand steht für eine Beziehung zwischen Ich und Welt. M. a. W., auch im Zustand der Offenheit sind wir auf die Welt bezogen und synchronisieren uns mit ihr. „Frei sein von Vorstellungen und Machtinteressen" bedeutet also nie „frei sein von der Welt", sondern nur „in einer anderen Beziehung zur Welt stehen". Statt in einer geschlossenen Beziehung, leben wir hier in einer offenen Beziehung zu ihr. D. h. wir können sehr wohl im Alleinsein, Paarsein oder Gruppensein glücklich sein, wenn wir dabei das Im-Voraus-sein des Weltbezugs akzeptieren und mitten im Tun dieses Seins sind. Dieses „Mitten-im-Tun-Sein" darf allerdings nie damit verwechselt werden, dass wir etwas hervorragend *beherrschen*. So beschreiben gerade große Virtuosen im Klavierspielen – z. B. Rubinstein – die Macht über das Publikum, die sie während ihrer Konzerte erleben.[61] Damit zeigen sie natürlich gerade, dass sie dabei nicht im Zustand 3 sind. Auch gibt es bei dieser Kunst – wie bei jeder Fähigkeit – die Gefahr, die Virtuosität bzw. die technischen Fähigkeiten zum Selbstzweck werden zu lassen,[62] also bei der Ausübung dieser Fähigkeiten in einem geschlossenen Zustand zu sein. Darum sollte man auch das Modewort „Flow" nicht mit Glück gleichsetzen, obwohl dies sogar sein Erfinder Mihaly Csikszentmihalyi tut. Denn Csikszentmihalyi umschreibt damit einen geschlossenen Zustand, den man bei einer Virtuosentätigkeit, z. B. als Bergsteiger in der Verschmelzung mit der zu besteigenden Wand, *empfindet.* Damit ist aber kein offener Bezug zur Welt im Akt des Tuns gemeint, sondern eine physiologisch messbare *Empfindung* des Fließerlebnisses während des Tuns, also eine Form des Zustands 2, die von Zustand 1 aus zu untersuchen ist.[63]

Insgesamt gilt für jede Ausübung einer Fähigkeit darum: Solange wir darin nur ein Handwerk sehen, in dem wir in einer motivierten Handlung ein bestimmtes Ziel zu erreichen oder damit zu verschmelzen suchen, ob vergangenheits- oder zukunftszugewandt, herrscht ein nicht-glücklicher geschlossener Zustand. Wenn wir dabei dagegen motivlos handeln und mitten im Tun sind, sind wir im Zustand der Offenheit und damit im Zustand des Glücks. Die antike griechische Unterscheidung von *techne* und *physis* für das zielgerichtete Herstellen des Handwerkers auf der einen Seite und das Von-sich-aus-Entstehenlassen der Natur auf der anderen Seite mag dafür als Orientierung dienen. Allerdings mit der Betonung auf „als Orientierung dienen", denn die Offenheit des Glücks kann nie adäquat beschrieben werden, auch nicht mit einem Naturvergleich. Darum bedeutet diese Offenheit immer, dass sie selbst (und jede ihrer Beschreibungen) überstiegen werden muss, damit sie erhalten bleibt. Das gilt sowohl für meine Beschreibung als auch für das Leben insgesamt. Denn jeder vergangene Glückszustand wird zu einem geschlossenen Zustand. Kurz: Jede Eingrenzung dieser Offenheit muss immer wieder entgrenzt werden. Jedoch bedeutet das auch: Offenheit steht immer in Beziehung zu Grenzen. Nur in Bezug darauf entsteht sie überhaupt als Offenheit, indem sie diese Grenzen entgrenzt. Gerade wenn wir uns mitten im Akt des Tuns befinden, wird deutlich, dass wir uns dabei in einem Übergang bzw. einem Wechsel befinden. Darum wäre es Unsinn zu versuchen, die geschlossenen Zustände 1 und 2 einfach zu überwinden, um in einem dauernden Zustand 3 zu leben. D. h. in einem dauerhaften Glückszustand zu leben ist unmöglich. Der Bezug zu geschlossenen, eingegrenzten Zuständen ist vielmehr stets notwendig, damit in deren Entgrenzung eine Offenheit entsteht. Ob das jetzt genau die von mir beschriebenen zwei geschlossenen Zustände oder andere geschlossene Zustände sind, ist dabei Nebensache. Wichtig ist nur einzusehen: Es gibt kein reines Glück, also ein Glück ohne Bezug zum Nicht-Glück. Glück ist vielmehr ein Prozess des Übersteigens und Entgrenzens, und zwar sowohl von anderen nicht-glücklichen Zuständen als auch von vergangenen Glückszuständen. M. a. W., wir sind stets dazu *aufgefordert*, uns in Stärke in der Auseinandersetzung mit geschlossenen Zuständen – wie auch immer die aussehen mögen – zu üben, um für einen offenen Zustand bereit zu sein.

Damit habe ich auch schon angedeutet, dass die drei hier dargestellten Zustände nicht zu eng gesehen werden dürfen. Sie dienen lediglich zur Orientierung bzw. geben nur Hinweise. Es könnten auch andere Zustände eingegrenzt werden, die dann durch einen Zustand der Offenheit entgrenzt werden. Auch ob man unbedingt „Zustände" dazu sagen muss, stelle ich zur Disposition. Schließlich ist – wie schon erwähnt – Zustand für mich nichts Statisches, sondern eine Art Bewegtheit. In jedem Fall treten diese Zustände in Mischungen und nie in Reinform auf. Schon deshalb könnte man auch andere Einteilungen erstellen, die diese Mischungen evtl. differenzierter wiedergeben. Allerdings würde man auch dann auf der einen Seite wiederum Grenzen setzen, die auf der anderen Seite zu entgrenzen sind. Darum belasse ich es bei meiner Einteilung und gebe stattdessen zur Veranschaulichung ein Beispiel für das Auftreten dieser Zustände bzw. Mischzustände in einer Beschreibung aus meiner Lebenswelt, nämlich in der Schilderung meines morgendlichen Wegs von der Wohnung zum Büro:

Ich bin bereit, meine Wohnung zu verlassen und sehe auf meine Küchenuhr: 6.55 Uhr. In vier Minuten fährt – laut Plan – die nächste U-Bahn. Wenn ich *normal* gehe, so *weiß* ich, erreiche ich sie. Also gehe ich zur Wohnungstür und öffne sie. (Bis jetzt herrscht für mich explizit wahrnehmbar eine Mischung von Zustand 1 und 2 zu gleichen Teilen. Zustand 3 ist nur implizit vorhanden.) Beim Öffnen sehe ich den Nachbarn von gegenüber und grüße ihn. Ich will aber mit ihm, der ebenfalls gerade seine Wohnung verlässt, nicht gemeinsam die vier Treppen hinuntergehen. Grund: Ich möchte nicht schon am frühen Morgen einen *Smalltalk* führen, sondern ungestört meinen Gedanken nachhängen. Darum lasse ich mir beim Zusperren der Wohnung Zeit und dem Nachbarn zwei Treppen Vorsprung. Dann erst gehe ich los. Trotzdem ist es jetzt mit dem Ungestörtsein vorbei, weil ich den Nachbarn und die Geschwindigkeit seines Gehens in mein Gehen und dessen Geschwindigkeit mit einrechne. (D. h. es überwiegt jetzt deutlich Zustand 1, auch wenn sich Zustand 2 in meinen Gedankenspielen noch explizit zeigt.) Als ich noch etwa zwei Treppen zu gehen habe, höre ich die Haustür, die der Nachbar gerade öffnet. Als ich selbst die Tür erreiche, muss er wohl schon um die Ecke sein. Ich sehe ihn nicht mehr. Ich laufe jetzt ein bisschen auf dem Weg zur U-Bahn, um den Zeitverlust wieder aufzuholen und die nächste U-Bahn noch zu erreichen. Es sind nicht viele Leute auf dem Weg zur U-Bahn. (Immer noch bin ich in derselben Mischung der Zustände.) Trotz des Laufens kann ich vor dem U-Bahneingang die Überschrift einer Zeitung im Zeitungskasten sehen:

Helmut, wie lange noch? Ich kombiniere auf dem Weg zum Bahnsteig, dass sich diese Überschrift wohl auf die Weigerung des Ex-Bundeskanzlers Kohl bezieht, die Namen der Spender zu nennen, von denen er während seiner Amtszeit bares Geld für seine Partei erhalten hat. Als ich am Bahnsteig angekommen bin, wird die U-Bahn auf der Anzeigentafel schon angekündigt. In etwa einer Minute soll sie kommen. Ich gehe zu meinem gewöhnlichen Einstiegsplatz in der Mitte des Bahnsteigs, so dass ich am Anfang des zweiten Wagens der U-Bahn einsteigen kann. Ich schaue mich ein wenig um, wer sonst noch hier ist. Die U-Bahn fährt ein, ich dränge mich mit anderen an die erste Tür des zweiten Wagens, lasse Leute aussteigen und bin dann der Zweite, der einsteigt. In der ersten Bank des Wagens ist links außen noch ein Platz jeweils *in* und *gegen die Fahrtrichtung* frei. Ich setze mich auf den Platz *gegen die Fahrtrichtung*, nehme ein Buch aus meiner Jackentasche, schlage die eingemerkte Stelle auf und fahre dort fort zu lesen, wo ich gestern aufgehört habe. Bis zum Hauptbahnhof, drei Stationen von meiner Einstiegshaltestelle entfernt, bemerke ich um mich herum fast nichts mehr – außer einen Geruch nach Alkohol und Zigaretten. <u>(D. h. seit dem Lesen hat sich die Mischung von Zustand 1 und 2 deutlich in Richtung 2 verschoben!)</u> Am Hauptbahnhof steigen viele Menschen ein und aus. Ich bemerke dies aber erst, als ich Musik (aus einem Walkman) vernehme. Ich schaue auf und sehe einen etwa 20-Jährigen, der sich an eine Haltestange lehnt und mit dem Kopf zur Musik seines Walkmans wippt. Erfreulicherweise steigt er an der nächsten Haltestelle aus. Denn er stört mich stark in meiner Konzentration auf das Buch. <u>(Ich bin jetzt also wieder deutlich im Zustand 1, zwar noch immer in einer Mischung mit Zustand 2, aber die Mischung ist noch um vieles mehr in Richtung 1 ausgeschlagen, als vorher wegen des Nachbarn.)</u> Während der nächsten zwei Stationen kann ich wegen der Störung durch den Walkmanhörer noch immer nicht konzentriert lesen, obwohl er gar nicht mehr in der U-Bahn ist. Dadurch nehme ich gezwungenermaßen mehr von meiner Welt wahr. <u>(Noch immer herrscht also ein Übergewicht des Zustands 1.)</u> Dazu muss ich auch Sätze meines Buchs zwei- oder dreimal lesen, um sie einigermaßen im Zusammenhang zu verstehen. Dann komme ich plötzlich zu einer Stelle, die ich sofort verstehe, weil sie mich sofort *anspricht*. Mir ist dadurch die Aufregung von vorher egal. So sehe ich mir kurz die anderen Fahrgäste an und lese die Stelle nochmals. <u>(Ich bin jetzt deutlich im Zustand 3, also im Zustand des Glücks, die anderen beiden Zustände empfinde ich zwar auch noch, aber nur peripher.)</u> Ich lese weiter bis zu meiner Endhaltestelle. <u>(Dabei bin ich in einer Mischung von allen drei Zuständen, etwa zu gleichen Teilen.)</u> Dort steige ich aus und gehe in Gedanken an dieses schöne Erlebnis, das noch immer nachwirkt, zum Bürogebäude, das sich in der ersten Querstraße linker Hand nach dem U-Bahnausstieg befindet. (Jetzt ist die Mischung bereits wieder vom Zustand 2 dominiert, obwohl noch immer die anderen beiden Zustände – also nicht nur Zustand 1 – explizit da sind.)

Es zeigt sich bei dieser Beschreibung, dass Zustand 3 explizit nur selten und auch kaum in Reinform auftritt. Dagegen sind die andern beiden Zustände in verschiedenen Mischungen immer vorhanden.

Dabei wäre noch hinzuzufügen, was durch das Beispiel zu wenig deutlich wird: Bei den Zuständen 1 und 2 und ihren Mischungen gibt es positive *und* negative Ausprägungen. Wir müssen in diesen Zuständen also nicht per se unglücklich sein, auch wenn wir darin nicht Glück erleben können. So kann Zustand 1 nicht nur als Gehetztheit erfahren werden, sondern auch als Stolz, und zwar wenn wir dem schnellen Rhythmus dieses Zustands entsprechen und uns die Leistungen dabei befriedigen. Beide Varianten des Zustands 1 sind für den, der sie erlebt, grundverschieden. Ähnliches gilt für Varianten in Zustand 2. So macht es einen großen Unterschied, ob man sich in einer Depression, in einem manischen Schub, in einem isolierenden Tagtraum, in Gedanken versunken, beim Lesen zum Abschalten oder im erfüllten Arbeiten befindet, bei dem man sich und andere vergisst. Obwohl dies alles Seinszustände in geschlossenen langweiligen Rhythmen sind, sind sie mit sehr unterschiedlichen Gefühlen verbunden. Das liegt einerseits daran, dass einige Gefühle dem Glückserleben näher sind als andere, weil die Geschlossenheit dabei nicht so strikt ist und – damit verbunden – die Spannungen des In-der-Welt-seins besser ausgehalten werden. Andererseits liegt es daran, dass gerade in Zustand 2 im Gegenteil oft hermetisch geschlossene

Rhythmen für begrenzte Zeiträume das Ego eines Menschen so stark mit einem festen Panzer umgeben, dass er seine Spannungen sehr gut verdrängen kann. Das gilt nicht nur für den manischen Schub eines Manisch-Depressiven, sondern z. B. auch für das schier unglaubliche *gehobene Gefühl*, das Hannah Arendt bei Adolf Eichmann während dessen Gerichtsverhandlung beschreibt. So wich hier Eichmann dem Ernst seiner Lage aus und verdrängte die dadurch auftretenden Spannungen, indem er sich bis zu seiner Hinrichtung durch banale Phrasen und 08/15-Haltungen immer wieder eine heroische Gestalt zu geben versuchte.[64]

Aber wie entspricht man überhaupt den auftretenden Spannungen, ohne ihnen auszuweichen? Bei der Übung in Stärke *versucht* man sich ja nur darin, ihnen zu entsprechen und nicht auszuweichen! Was geschieht also im Erleben des Glücks, dass man den Spannungen wirklich entspricht? Um dies näher zu erklären, möchte ich die Offenheit des Glückszustands im Hinblick auf den konkreten Situationsbezug näher betrachten. D. h. ich werde hier darstellen, was das Ausstehen der Spannungen in einem *offenen langweiligen Rhythmus* im Zustand 3 im Gegensatz zu den anderen Zuständen bedeutet: Nämlich dass sich der aufmerksame Akt des Tuns im Zustand 3 dadurch auszeichnet, dass in ihm sowohl der konkrete Ort als auch die konkrete Zeit seines Geschehens berücksichtigt wird.

Dazu schiebe ich aber zunächst einen kleinen musikalischen Exkurs ein, da ich nicht von ungefähr in diesem Zusammenhang von einem bestimmten *Rhythmus* rede, der sich von anderen *Rhythmen* abhebt, also einen musikalischen Begriff zur Zeitbeschreibung gewählt habe. So zeigt sich in der europäischen Kunstmusik aufgrund der Wahlmöglichkeit in der Notation, dass ein Rhythmus nicht nur in einer einzigen Weise aufgezeichnet werden kann. Denn es besteht die Möglichkeit, dasselbe Stück entweder in einem Dreiertakt oder in einem Zweiertakt zu beschreiben. So kann man etwa einen Walzer nicht nur im 3/4-Takt, sondern auch im 2/4-Takt unter ausgiebiger Verwendung von Triolen darstellen. Natürlich gibt man ihm durch die Wahl des Taktes einen anderen Charakter. Aber grundsätzlich zeigt sich hier, dass man scheinbar denselben Rhythmus nicht auf ein bestimmtes Taktschema festgelegt sehen muss, sondern dass eine Offenheit besteht. Man könnte auch sagen: Der Rhythmus selbst ist in sich offen. Erst die Festlegung auf ein bestimmtes Taktschema gibt ihm ein bestimmtes Muster. Und diese Taktschematisierung hat sich auch erst im Lauf der Geschichte – erst etwa um 1600 – herausgebildet. Vorher wurde der Rhythmus überhaupt freier und offener gesehen. Ein Stück, das heute strikt im 4/4-Takt beschrieben wird, hatte also vielleicht vor 1600 bei seiner Aufführung in einem Takt ein Achtel mehr – je nach Situation. In Musik, deren Ursprung außereuropäisch ist und die durch ihre Geschichte noch weniger normiert wurde, z. B. im Blues, kann man das auch noch heute sehr gut beobachten. So muss hier ein Chorus nicht exakt 12 Takte lang sein, sondern kann variieren. Zwar haben auch hier Normierungsprozesse eingesetzt, aber Stilrichtungen wie Free Jazz haben gerade wiederum die ursprüngliche Offenheit deutlich gemacht. Kurz: Nur unsere Ansichten über den Rhythmus haben sich während der geschichtlichen Entwicklung auf ein geschlossenes Schema verdichtet, die Rhythmen selbst sind offen geblieben.

Ähnliches gilt für die Geschwindigkeit und für die Stimmung in der europäischen Musik. Auch sie waren früher offener und wurden ab dem 17. Jahrhundert mehr und mehr in ihrer Offenheit eingeschränkt. Ja in ihrer Entwicklung zeigt sich vielleicht noch deutlicher als in der des Rhythmus, dass die auftretenden Einschränkungen mit einer Absehung des konkreten Orts und der konkreten Zeit der Aufführung zusammenhängen.

In Bezug auf die Geschwindigkeit legen davon die Entwicklung zur maschinenmäßigen Taktung durch das Metronom und die damit einhergehende eindeutige Auslegung von Tempobezeichnungen wie Allegro, Andante usw. Zeugnis ab. Diese Entwicklung grenzte die variable Interpretation je nach Situation, d. h. je nach Zeit und Ort, ein und führt bis zur Mitte des 19. Jahrhunderts zu deutlichen Vereinheitlichungen, durch die die Vielfalt der Tempoauffassungen verschwindet. Das bedeutet weniger, dass Musik jetzt durchgehend schneller gespielt wird, sondern dass die Kriterienvielfalt verschwindet. Man neigt im Laufe dieser Entwicklung immer mehr dazu, Musik unabhängig von der bestimmten Zeit und dem bestimmten Raum ihrer Aufführung zu präsentieren. Stattdessen legt man dafür feste zeit- und raumunabhängige Kriterien fest. Die Einzigartigkeit des musikalischen Akts wird dadurch eingeebnet. Die Begründung dafür lautet oft Werktreue, wie sie spätestens im Übergang zum 20. Jahrhundert von so wirkungsmächtigen Interpreten wie Toscanini vertreten wird. Was ein Werk jedoch genau sei, bei der Beantwortung dieser Frage scheiden sich die Geister.[65]

Bei den Ansichten zur Stimmung ist die Entwicklung weg von einer ursprünglichen Offenheit hin zu festen Kriterien folgendermaßen: Am Ende des 17. Jahrhundert führt Werckmeister die „temperierte Stimmung" ein. Dies hat vor allem die pragmatisch-wichtige Vereinheitlichungstendenz zur Folge, dass ab jetzt erhöhte und verminderte Töne wie *cis* und *des*, *dis* und *es* etc. als identisch betrachtet werden können.[66] Allerdings geht diese Vereinheitlichungstendenz noch nicht so weit, die exakte Bestimmung der Intervallabstände als das entscheidende Kriterium anzunehmen, sondern sie setzt als dieses Kriterium den *Wohlklang*. Nicht von ungefähr nennt Johann Sebastian Bach eines seiner bedeutendsten Werke für Tasteninstrumente, das auf dieser Stimmung basiert, „Das wohltemperierte Klavier".[67] Aber die Entwicklung hin zur exakten Bestimmung der Intervallabstände ist trotzdem nicht mehr aufzuhalten. So wird im Laufe des 19. Jahrhunderts das Kriterium des Wohlklangs aufgegeben und dafür die Gleichstimmung aller Intervalle gesetzt.[68] Und diese bedeutet nichts anderes, als eben die genannte exakte Bestimmung.[69] Schließlich wird diese Vereinheitlichungstendenz noch dadurch fortgesetzt, dass in der zweiten internationalen Stimmtonkonferenz 1939 in London beschlossen wird, alle nun exakt bestimmten Intervalle auf den Kammerton *a′* zu beziehen, der absolut auf 440 Hz bei 20° C festgelegt wird.[70]

Lässt man diese Entwicklung Revue passieren, fällt nicht nur auf, dass die natürlichen Intervallunterschiede eingeebnet werden. Vielmehr wird vor allem ignoriert, dass die Stimmung ebenso wie das Tempo der Musik zeit- und raumabhängig ist und es dafür keine absoluten Kriterien gibt. Kurz: Auch diese Entwicklung unterschlägt, dass der jeweilige musikalische Akt entscheidend für die Musik ist.[71]

Festgehalten werden kann darum nach diesem gesamten Exkurs, dass zwischen 1600 und 1950 eine Entwicklung der Normierung in der europäischen Kunstmusik einsetzt, hin zu geschlossenen exakten Rhythmen mit eindeutigen Tempoauffassungen und einer exakt gleichgestimmten Temperierung. Absolute zeit- und raumunabhängige Kriterien werden dabei immer wichtiger und der einzelne musikalische Akt unwichtiger. Dies steht in deutlicher Analogie zur allgemeinen gesellschaftlichen Entwicklung während der wissenschaftlich-technischen und industriellen Revolution. Darum ist es nicht verwunderlich, dass der derzeitig vorherrschende Zustand 1 auch von diesem geschlossenen exakten Rhythmus und den anderen Vereinheitlichungstendenzen geprägt ist. Das bedeutet vor allem: Zustand 1, das Leben in einem kurzweiligen Rhythmus, darf nicht lediglich als ein schnelleres Leben als im Zustand 2 angesehen werden. Vielmehr zeichnet er sich auch durch seine Radikalität aus, den einzelnen Lebensakt zugunsten einer absoluten allgemeinen Bestimmung der Wirklichkeit zu vernachlässigen. Gerade in dieser Hinsicht ist der Zustand 1 das Ergebnis eines Synchronisierungsprozesses mit der gesellschaftlichen Entwicklung. Denn hier wird das Im-Voraus-sein immer weniger akzeptiert. Man synchronisiert sich nicht mehr mit einer offenen, sondern mit einer geschlossenen Weltsituation, in der die Vielfalt der einzelnen Akte unter den Tisch fällt und eine stetige Vereinheitlichungstendenz[72] zu erkennen ist.

Aber worum es mir bei dieser Veranschaulichung geht, ist nicht die Aussage „früher war alles besser" oder „wir müssen wieder zurück zu diesem früheren offenen langweiligen Rhythmus". Denn auch hier sollte man sich klar sein, dass mein musikalischer Exkurs – würde er nur dazu tendieren – selbst dem Zustand 1 verpflichtet wäre, weil in ihm dann lediglich für eine Ersetzung plädiert werden würde. Darüber hinaus *möchte* ich mich mit diesem Exkurs auf keine uneinlösbare Gewissheit berufen, denn die würde durch die wissenschaftliche Forschung im Laufe der Zeit, wenn nicht sofort, widerlegt werden. Selbstverständlich weiß ich nicht mit Sicherheit, ob dieser ursprüngliche offene langweilige Rhythmus und die vielfältigeren Tempo- und Stimmungsauffassungen in der Musik wie im Leben früher wirklich vorherrschten. Meine Ausführungen weisen darum lediglich auf das paradoxe „Hier und Jetzt" bzw. den offenen Zustand hin, der in der Gegenwart zu ermöglichen ist, und dieser Exkurs gilt nur als Ex-negativo-Hinführung, wie im „Hier und Jetzt" dieser offene langweilige Rhythmus aussehen könnte.

Ich werde darum im Folgenden einige – wie immer unvollständige – Hinweise geben, wie der offene langweilige Rhythmus (in Abhebung von den anderen beiden Rhythmen) sich einstellt:

So dürfen wir uns nicht mit scheinbar exakten Weltsituationen synchronisieren, obwohl unsere Gesellschaft uns vor allem dieses Angebot macht. Also ein Leben nach der exakten Uhrzeit, ein exaktes genaues Zeitmanagement, allgemein ein Sparen von Zeit sind dafür gerade die falschen Orientierungen. Sonst leben wir gerade in einem gehetzten Zustand bzw. in einem geschlossenen kurzweiligen Rhythmus und können alternierend dazu nur in einen geschlossenen langweiligen Rhythmus wechseln, indem wir uns von diesem Dauerstress abschotten. Stattdessen sollten wir unser Leben an offenen Rhythmen wie unserem Pulsschlag, Herzschlag, an unserer Atmung, Ess- und Trinkbedürfnissen, Gesundheit/Krankheit, Konflikten/Nichtkonflikten mit sich und anderen, Tag-/Nachtrhythmen, schlechtem Wetter/gutem Wetter, Jahreszeiten etc. ausrichten. D. h. es ist vor allem wichtig, was gemäß unserem gegenwärtigen Befinden in der Weltsituation am entsprechendsten ist bzw. wie wir in der jeweiligen Situation unsere durch die eben genannten Rhythmen gekennzeichneten Spannungen möglichst gleichgewichtig ausstehen können. Das klingt anfangs sehr komisch. Denn selbstverständlich hilft uns eine Ausrichtung nach unserer Atmung oder dem Wetter nicht, pünktlich im Büro zu erscheinen. Aber entscheidend ist hier, was für uns primär ist: pünktlich im Büro zu sein oder voller Wohlbefinden im Büro zu sein. Dabei schließt das eine das andere nicht aus, sondern es wird nur ein anderes Schwergewicht gelegt. Denn das Schwergewicht liegt im „Hier und Jetzt" bzw. im offenen Zustand und nirgends sonst oder, wie es im Zen heißt: Wenn ich esse, esse ich, wenn ich arbeite, arbeite ich, wenn ich mich erhole, erhole ich mich. Weder Überlegungen zur Vergangenheit noch zur Zukunft sind hier wichtig, sondern nur das achtsame Tun des gerade Vorliegenden. Dafür ist es nötig, offen zu sein. Es gibt darum keinen Standardrhythmus, der für alles Tun der richtige ist, sondern Offenheit heißt vor allem auch, für Rhythmuswechsel offen zu sein. Zu starre und geschlossene Rhythmen, seien es feste Essenszeiten, feste Schlaf- und Aufstehzeiten oder feste Erholungszeiten, also insgesamt ein fester Zeitplan, führen zum Gegenteil. Sie lassen uns die aufgezählten Rhythmen aus den Augen verlieren, und wir neigen stattdessen dazu, uns mit Sachverhalten zu synchronisieren, die uns den Kontakt mit dem „Hier und Jetzt" verlieren lassen. Darum – weil diese Gefahr ständig herrscht – ist es wichtig, Zeitpuffer in unseren Tagesablauf einzubauen, in denen wir uns mit den aufgezählten Rhythmen wieder synchronisieren können und spüren: Wie ist unsere Atmung, unser Puls? Sind sie zu schnell? Ist es besser sie zu verlangsamen, weil wir sonst den Eintritt in einen offenen langweiligen Rhythmus nicht schaffen? Oder fühlen wir uns krank und sollten deshalb langsamer treten? Verdrängen wir Konflikte? Lassen wir uns durch andere Menschen, die in geschlossenen kurzweiligen oder geschlossenen langweiligen Rhythmen leben, in unserem Rhythmus zu sehr beeinflussen oder verwirren? Sind wir schon zu müde, um aufmerksam zu sein?

Jedoch können wir – wenn wir schon feste Essens- oder Erholungszeiten haben – diese auch nutzen, um im „Hier und Jetzt" zu leben und uns nicht mit Arbeitsaufgaben zu beschäftigen. Vielmehr können wir uns aufmerksam auf das Essen oder Spazierengehen konzentrieren. Obwohl das zu banal klingt, ist es trotzdem nicht unwichtig, weil sich dabei zeigt, wie es mit unserer Stärke aussieht. Stärke und Glück hängen nun einmal sehr eng zusammen. So *wissen* viele von uns mehr oder weniger, dass sie gehetzt bzw. insgesamt in keinem offenen Zustand sind und dass das nicht gut für sie ist. Aber sie schaffen es aufgrund der *bekannten Sachzwänge* trotzdem nicht, sich zu ändern. Kurz: Sie haben ihre Stärke zu wenig ausgebildet und vermögen es deshalb nicht, sich mit den aufgezählten offenen Rhythmen zu synchronisieren und so Kontakt mit sich und der gegenwärtigen Weltsituation in offenen langweiligen Rhythmen zu bekommen.

Dabei dürfte klar sein: Wenn wir unsere Spannungen in einem offenen langweiligen Rhythmus ausstehen und uns im Zustand 3 befinden, ist uns die Einteilung in die verschiedenen Zustände, die Unterscheidung von Geschlossenheit und Offenheit nebensächlich. Das bedeutet vor allem: Weil wir gerade offen sind, haben wir keine *Vorstellung* von Offenheit und auch kein explizites Wissen davon, sondern sind uns lediglich intuitiv darüber klar, dass wir gerade im Zustand der Offenheit sind. Anstelle von Vorstellungen und Wissen üben wir unsere Fähigkeiten aufmerksam aus. D. h. wir gehen, essen, trinken oder spielen Klavier. Gerade so akzeptieren wir das Im-Voraus-sein unseres Weltbezugs und *finden* uns in einem offenen langweiligen Rhythmus. Wir wollen dabei weder diesen Zustand noch sonst etwas festhalten, sondern können unsere Welt, so wie sie ist, sein- und loslassen. Das hat alles überhaupt nichts mit Mystik zu tun, vielmehr erlebt es jeder von uns, wenn er glücklich ist mehr oder weniger intensiv. Gerade Humor und Lachen sind ein Ausdruck davon. Allerdings ist hier zu unterscheiden, ob es sich bei ihrem Auftreten nicht um eine Maske handelt, wodurch nur eine Offenheit vorgetäuscht wird, oder ob sie tatsächlich Teil eines offenen Zustands sind. Denn auch Humor und Lachen sind keine Techniken, die jemand anwendet. Auch sie sind Fähigkeiten, zu denen es kein von ihnen abgelöstes Wissen gibt, sondern sie zeigen sich nur im Tun und sind ansonsten nur potentiell vorhanden. Gerade in der grassierenden Spaß- und Comedy-*Kultur* unserer westlichen Gesellschaft wird aber oft das Gegenteil vorgeführt. Hier wird das Lachen als eine Art *fastfoodmäßig* zu befriedigender Trieb angesehen. Lachen wird so lediglich zum *Abla-*

chen, in dem mehr oder weniger versucht wird, Spannungen abzuführen und somit zu verdrängen. Sie werden also gerade nicht in einer gleichgewichtigen Beziehung ausgestanden. Die Art des Lachens zeigt dies sehr genau an. D. h. das Lachen jedes Einzelnen gibt Auskunft darüber, ob es für Humor oder für Aggressionsabfuhrtechniken wie Zynismus oder Sarkasmus oder einfach nur für Unsicherheit steht. M. a. W., auch im Lachen zeigt sich, ob jemand das Im-Voraus-sein seines Weltbezugs akzeptiert oder nicht. Akzeptiert er es, wird offenbar, dass er wirklich Humor an den Tag legt und sich in einem offenen Zustand befindet. Macht er das nicht, zeigt er mit seinem Lachen Zynismus, Sarkasmus usw. an. Kurz: Humorvoll zu sein ist gleichbedeutend mit einem glücklichen Zustand frei von Machtstreben. Damit ist implizit auch gesagt, dass Humor nichts ist, über das wir verfügen können, sondern er stellt sich wie das Glück entweder ein oder nicht. Wenn wir unsere Spannungen in einer gleichgewichtigen Beziehung ausstehen, kann er sich im Lachen einstellen, schaffen wir das nicht, ist unser Lachen nicht offen, sondern in irgendeiner Weise verkrampft und steht für etwas anderes. Humor zeichnet darum einen glücklichen Menschen in vieler Hinsicht aus. Allerdings muss er sich nicht automatisch beim Erleben von Glück einstellen. Es gibt noch viele andere Arten, wie sich Glück im Tun ausdrückt, z. B. durch Gelassenheit. Auch ist Humor nicht nur mit Lachen verbunden, sondern auch mit Sprache und Kommunikation. Lachen ist darum nur ein Ausdruck von Humor. Lachen und Humor als Erleben eines Zustands der Offenheit zeigen aber sehr deutlich, dass dabei die genannte Einteilung in die verschiedenen Zustände, das Unterscheiden von Geschlossenheit und Offenheit nebensächlich ist. Oft gehört es gerade dazu, dass wir uns im Zustand des Glücks über uns und unsere Ansichten lustig machen können, ja vor allem dass wir über uns selbst lachen können. Wohlgemerkt: Wir *müssen* dies dabei nicht tun, wir *können* es tun. Es besteht weder von unserer Seite noch von einer anderen Seite ein Zwang dazu. Gerade dieser Umstand zeigt die Offenheit und Freiheit an, in der wir uns in diesem Zustand befinden.

So kann man für dieses Kapitel zusammenfassen, dass Glück sich als Zustand der Offenheit auszeichnet, weil es sich hier um einen grenzenlosen Zustand frei von Vorstellungen und Machtinteressen handelt, der aber nie den Bezug zu Grenzen verliert. Darüber hinaus wird hier nicht die Reinheit eines Zustands angestrebt, sondern werden Mischungen gerade akzeptiert. Auch wird das Sein in einer konkreten zeit- und ortsgebundenen Situation akzeptiert und jede Vorstellung von dieser Situation aufgegeben. Schließlich werden Ansichten zum Glück – selbst die von mir vorgebrachten – nicht allzu ernst genommen. Gerade ein humorvolles Sich-darüber-Lustigmachenkönnen zeigt Offenheit an.

Natürlich habe ich damit wiederum keine Erklärung für Glück als den Zustand der Offenheit gegeben, sondern nur versucht, Hinweise zu geben. Aber mehr geht nicht! Gerade zu lernen, sich abzufinden, ist ein wichtiger Teil des *Glücksfindungsprozesses*. Denn so akzeptieren wir, dass sich das Glück letztendlich entzieht, ja dass auch die vermeintliche Erkenntnis des Entziehens nur Teil eines dafür irrelevanten Wissens ist, weil sie noch nicht für eine in die Tat umgesetzte Fähigkeit steht.

Schluss

Ich habe bisher gezeigt, warum Glück weder ein subjektives Gefühl noch etwas Legitimierbares noch etwas Zufälliges noch etwas ist, das mit Macht in Verbindung steht. Vielmehr ist es ein Zustand der Offenheit, in dem wir uns befinden, wenn wir mitten im Akt des Tuns sind. Dass diese Ansicht – vor allem im *Westen* – nicht dominant ist, habe ich schon angedeutet, allerdings noch nicht explizit ausgeführt. So gibt es in der *westlichen* Geschichte der Philosophie und Weltanschauungen seit der Antike drei hauptsächliche Orientierungspunkte, nach denen sich Menschen richten, um glücklich zu sein: Als erster Orientierungspunkt dient das sittlich Gute (altgriechisch: *kalón*). Ein tugendhaftes Leben – ob religiös motiviert oder nicht – ist hier der Schlüssel zum Glück. Als zweiter Orientierungspunkt dient das außermoralisch Gute (altgriechisch: *agathón*). Dabei ist die Ansicht tonangebend, dass ein Mensch, der mächtig, reich, gesund, in der Gemeinschaft geachtet ist, ein glücklicher Mensch ist. Und als dritter Orientierungspunkt dient das Angenehme (altgriechisch: *hedý*). Danach ist ein lustvolles Leben ein glückliches Leben.

Wenige Menschen – ob Philosophen oder Nicht-Philosophen – versuch(t)en, alle drei Orientierungspunkte in einer gleichgewichtigen Einheit zu verbinden und darin ein glückliches Leben zu sehen.[73] Bei den meisten überwiegt bzw. überwog sehr deutlich eine dieser Ausrichtungen. So sahen in der griechischen Antike z. B. die Stoiker das *kalón*, die breite Masse des Volks das *agathón* und die Epikureer sowie die Hedonisten das *hedý* als Orientierungspunkt für Glück an.[74] Nimmt man eine aktuelle soziologische Untersuchung zum Umgang mit Technik,[75] wird diese Dreiteilung in der Glücksorientierung auch heute noch sehr deutlich.[76]

Aber das bedeutet, dass die Menschen Glück mit einem Gut verbinden, wobei dies nicht nur ein moralisches (*kalón*), sondern auch ein nicht-moralisches sein kann (*agathón*). Doch nicht nur das. Sie verbinden es – siehe *agathón* – auch mit Macht und Zufall oder setzen es als subjektives Lustgefühl (*hedý*). Damit dürfte klar sein, dass – wie angedeutet – Glück von der Antike bis heute zumindest im *Westen* in einer Weise gesehen und gelebt wird, wie es meiner Untersuchung nach nicht ist. Es wird gerade nicht als offener Zustand bzw. als achtsames Sein im Akt des Tuns betrachtet, sondern als ein irgendwie geartetes Gut.

Wie kommt es aber trotz dieser *unrichtigen* Ansichten und Verhaltensweisen dazu, dass es Menschen gibt, die glücklich sind? Hat das damit zu tun, dass diese Menschen ihrer Überzeugung zuwider glücklich sind und *unbewusst* doch von der von mir beschriebenen *Glücksansicht wissen*, die im Übrigen ja auch nicht erst von mir vertreten wird?[77]

Meine Antwort darauf ist: Da Glück kein Phänomen in Zustand 1 ist, ist es weder bewusst noch unbewusst, sondern jenseits dieser Trennung. Wir können also paradoxerweise weder bewusst noch unbewusst glücklich sein, sondern können Glück nur in Zustand 3 leben. Denn sowohl ein Bewusstsein als auch ein Unbewusstsein davon wären jeweils Verstrickungen in Machtinteressen, die den Zustand 3 verhindern.

Leider können sich die meisten Menschen mit diesem Umstand nicht ab*finden*. Sie können sich von Machtverstrickungen nicht lösen, trennen in Unbewusstes und Bewusstes und/oder verwechseln Glück mit den drei benannten Standardausrichtungen.

Aber beschäftigt sich die *westliche* Philosophie mithilfe dieser drei Standardausrichtungen nicht zumindest mit grundsätzlichen existenziellen Bedingungen wie Liebe und Tod und deren Verbindung zum Glück? Und wo bleibt meine Auseinandersetzung damit? Meine Antwort darauf ist: Explizit bin ich darauf tatsächlich nicht eingegangen, weil ich davon ausgehe, dass jedem dieser Zusammenhänge eine eigene große Untersuchung gebührt. Implizit wird aber auch in meinem Buch Wichtiges dazu ausgesagt. So hat allein meine Beschreibung von Glück als Freisein von Machtinteressen viel mit dem Zusammenhang von Glück und Liebe zu tun. Wenn nämlich Glück in Partnerschaften oder allgemein im Umgang der Menschen miteinander entsteht, kann man dieses Glück ebenso gut Liebe nennen, weil dann ein wirklicher Kontakt der Menschen vorhanden ist. Menschen, die dies praktizieren, akzeptieren auch das Im-Voraus-sein des Weltbezugs. Denn gerade dieses Akzeptieren bedeutet einen Akt der Liebe in Bezug auf dasjeweilige Gegenüber! Allerdings heißt das natürlich, dass die Liebe immer wieder nur in diesen Akten da ist und nicht dauernd. Das hat aber einfach damit zu tun, dass das Streben nach einer dauernden Liebe analog zum Streben nach einem dauernden Glück – siehe Kap. 5 – Unsinn ist, weil Liebe und Glück so zum Ziel reduziert werden und nicht mehr offen sind.

Dieser Umstand zeigt auch deutlich den Zusammenhang zwischen Glück und Tod. Denn Offenheit impliziert Geschlossenheit, das eine gibt es nicht ohne das andere. Offenheit ohne Geschlossenheit gibt es darum genauso wenig wie Glück ohne Tod, weil Glück die radikalste Form der Offenheit im Leben ist und Tod die radikalste Form der Geschlossenheit. Aber da Offenheit und Geschlossenheit somit aufeinander bezogene Pole sind, bedeutet das vor allem auch, dass es zwischen beiden keine genauen Grenzen gibt, sondern beide für den Zeitraum des jeweiligen Lebensrhythmus in einer nicht definierbaren Verbindung stehen. Je offener der Rhythmus, umso mehr überwiegt Glück, je geschlossener der Rhythmus ist, umso mehr überwiegt der Tod. So ist ein Leben im geschlossenen kurzweiligen Rhythmus, also ein ständiges Ersetzen, deutlich vom Tod geprägt, aber auch ein Leben im Wiederholungszwang eines geschlossenen langweiligen Rhythmus.

Wenn man an diese kurz skizzierten Überlegungen genauer anknüpft, könnten sich aufschlussreiche Untersuchungen zu den Zusammenhängen von Glück, Liebe und Tod ergeben. Aber natürlich könnten das auch genauere Analysen philosophischer Texte erbringen. So wäre z. B. eine Auseinandersetzung mit Nietzsches Werk sehr lohnend. Hier wäre die Verbindung von Glück und der „Ewigen Wiederkehr des Gleichen" sowie das Akzeptieren und Nicht-Akzeptieren dieser Wiederkehr ebenso wie das Leichtfallen oder Schwerfallen dieses Akzeptierens zu untersuchen.[78] Auch wäre es gewinnbringend, den Zusammenhang von Glück mit dem Vergessen und Erinnern[79] und mit dem „großen Mittag"[80] aufzuarbeiten. So könnte man den Zusammenhang von Glück und Tod noch um einiges aufhellen. Allerdings auch durch die Auseinandersetzung mit Montaignes „Essais"[81] oder mit Heideggers „Sein und Zeit".

Jedoch wären nicht nur genauere Analysen philosophischer Texte sehr fruchtbar, sondern auch intensive Lebensweltanalysen in der Nachfolge der phänomenologischen Forschung, der auch ich mich sehr nahe fühle (siehe z. B. gerade Kap. 5). So könnte man z. B. dem Umstand besser nachgehen, dass es auf der einen Seite Menschen gibt, die oft in *gehobenen Gefühlen*, d. h. in positiv erfahrenen Varianten der Zustände 1 und 2, leben, aber sehr selten glücklich sind, und es auf der anderen Seite Menschen gibt, die das Gegenteil erleben, also sich zwar meistens in negativ erfahrenen Varianten der Zustände 1 und 2 befinden, aber trotzdem nicht selten glücklich sind.[82]

Ich *will* dies alles hier so stehen lassen und zum Abschluss bekennen, dass ich mit diesem Buch in gewisser Weise versucht habe, das Staunen (bzw. die Verwunderung), das nach Platon der Ursprung der Philosophie ist,[83] wieder in den Vordergrund zu stellen. Denn der Zustand des Glücks ist in seiner Offenheit in vieler Hinsicht gerade dieser von Platon ausgedrückte Akt des Staunens.

Es scheint nämlich so, dass uns dieses Staunen zumindest seit dem Siegeszug der Naturwissenschaften und den philosophischen Konsequenzen, die Descartes daraus zog, mehr und mehr abhanden gekommen ist. Seitdem steht *Gewissheit* mit dem damit verbundenen Erkenntnisinstrument des Zweifelns und Wahrheit als eine Form des Erkenntnisinteresses im Vordergrund unserer *westlichen* Weltsicht.[84]

Allerdings habe ich immer wieder darauf aufmerksam gemacht, dass es mir nicht um Ersetzungen geht. So wäre es einfach zu kurzsichtig, wenn man das Rad nur zurückdreht und das neuere Paradigma des Zweifelns durch das ältere

Paradigma des Staunens austauscht. Damit würde man sich nämlich insgesamt nicht von Machtinteressen lösen und in Zustand 1 und 2 verhaftet bleiben. Denn das Staunen wie das Glücklichsein gelingt nur, wenn man gerade in einem Akt des Tuns aufmerksam lebt. Dies gilt es zu erreichen, und das bedeutet gleichzeitig, sich von keiner noch so verlockenden Ersetzung verführen zu lassen. Denn – um es am Schluss nochmals deutlich zu sagen – beim Ersetzen akzeptieren wir das Im-Voraus-sein unseres Weltbezugs nicht, und damit auch nicht, dass das Erleben des Glücks gleichzeitig mit dem Entziehen des Glücks verknüpft ist. Das Glück *finden* können wir darum von uns aus nur, wenn wir unsere Stärke im Üben entwickeln. Auf die andere Seite des *Findungsprozesses*, das Erleben des Glücks, haben wir keinen direkten Einfluss. Dieses entzieht sich uns. Und nicht nur das: Auch das Akzeptieren dieses Entziehens entzieht sich uns paradoxerweise ...

Anmerkungen

[1] Wenn ich Literaturangaben mache, geschieht das deshalb nur in der *Absicht*, direkte Zitate nachzuweisen und auf weiterführende Bücher aufmerksam zu machen.

[2] Um den Begriff *Glück* und seine vielen Facetten darzustellen und ihn von irreführenden Bedeutungen zu unterscheiden, werde ich im Folgenden viele Umschreibungen dafür verwenden, wie *Zustand 3*, *Zustand der Offenheit*, *offene lange Weile* etc., die einerseits jeweils einen Einzelaspekt des Glücks umfassen, andererseits aber nie vom Gesamtaspekt zu trennen sind. Dabei ist für das Verständnis meiner Arbeit wichtig: Ich halte Glück weder als Ganzes noch in seinen Einzelaspekten für definierbar. In meiner Arbeit werden darum auch keine genauen Begriffsdefinitionen gemacht und keine Begriffsgeschichten geliefert, was nicht heißt, dass ich keine Unterscheidungen treffe oder die Geschichtlichkeit von Sprache ignoriere. Aber ich gehe – wie sich im Folgenden zeigen wird – davon aus, dass genaue Grenzziehungen unmöglich sind. Alle Versuche, solche Grenzen durch Begriffsdefinitionen oder geschichtliche Analysen zu ziehen, sind meiner Meinung nach zum Scheitern verurteilt. Um Missverständnisse zu vermeiden, *möchte* ich betonen: Für mich hat Glück sehr wohl einen Zusammenhang mit Zeit und ist in *irgendeiner* Form immer mit dem *Erleben des Glücks* verbunden – also mit einem Sein qua Tun. Ich benutze darum auch Umschreibungen wie *Zustand mitten im Akt des Tuns*. Jedoch halte ich es für unmöglich, Glück genau einzugrenzen, und zwar gerade, weil es immer mit Zeit verbunden ist. Dies bedeutet natürlich auch, dass zwischen meiner Auffassung von Glück und solchen, die ich als irreführend darstelle, keine genauen Grenzlinien verlaufen. Da es mir aber – wie sich ebenso zeigen wird – *grundsätzlich* nicht um Gewissheit oder Wahr-falsch-Unterscheidungen zu diesem Thema geht, ist dies auch nicht von Belang.

[3] Dass es sich bei dieser Wahrnehmung um keine empirische Wahrnehmung, die messbar ist, handelt, sondern – analog zu den Fähigkeiten – um eine unkontrollierbare intuitive Wahrnehmung, dürfte klar sein.

[4] Wer hierzu Genaueres wissen will, dem empfehle ich die Bücher von Michel Foucault, etwa „Wahnsinn und Gesellschaft" (Frankfurt/Main 1969. Aus dem Französischen von Ulrich Köppen).

[5] Ich gehe davon aus, dass grundsätzlich in jeder Weltsituation Spannungen herrschen bzw. dass dies untrennbar vom „In-der-Welt-sein" ist. Ich komme darauf in Kap. 1 noch genauer zu sprechen.

[6] Wem diese Erklärung nicht ausreicht, der sollte Martin Heideggers Analyse der Langeweile lesen. In: Ders.: Die Grundbegriffe der Metaphysik.

Welt – Endlichkeit – Einsamkeit. 2. Aufl. Hrsg. von Friedrich-Wilhelm von Herrmann. Gesamtausgabe Bände 29/30. Frankfurt/Main 1992. S. 111–249.

[7] Dies führt Stephan Rechtschaffen sehr anschaulich vor Augen. Sein Buch „Du hast mehr Zeit, als du denkst" (München 1998. Aus dem Amerikanischen von Franca Fritz und Heinrich Koop) ist darüber hinaus vor allem für jene Leser lohnend, die sich auf das Glück weniger philosophisch einlassen möchten als vielmehr Lebenshilfetipps – in diesem Fall von einem Mediziner – erwarten.

[8] Damit benutze ich den Wortteil „Meta" in „Meta-Fähigkeit" laut seiner altgriechischen Bedeutung „inmitten" (Langenscheidts Taschenwörterbuch der griechischen und deutschen Sprache. 8. Aufl. Begr. von Hermann Menge. Berlin u. a. 1997. Erster Teil: Altgriechisch – Deutsch. S. 288). D. h. ich gebrauche ihn nicht in der üblichen Bedeutung „über", „hinüber", „hinter", wie man ihn u. a. von Begriffen wie „Metaebene" kennt. Damit ist die Meta-Fähigkeit „Stärke" also keine Fähigkeit hinter einer anderen oder keine Fähigkeit zweiter Stufe. Vielmehr tritt sie nur zusammen mit der jeweiligen Fähigkeit auf und zeigt sich inmitten der Ausübung dieser Fähigkeit.

[9] Dabei darf hier „Methode" wiederum nicht als theoretisches Verfahren verstanden werden, das in die Praxis umgesetzt werden kann. Vielmehr handelt es sich auch dabei um ein intuitives prozessintegriertes Verfahren, das nicht definiert werden kann, sondern sich lediglich im Tun zeigt.

[10] Wenn ich darum im Folgenden von *finden* spreche, ist der Zusammenhang mit dieser Methode immer vorhanden, und zwar – wenn nicht explizit nur auf eine Seite hingewiesen wird – immer in Bezug auf beide Seiten. Im Übrigen setze ich den Begriff *finden* immer dann kursiv, wenn ich damit die verknüpfte Methode meine.

[11] Siehe dazu auch das berühmte Diktum von Kant: „Gedanken ohne Inhalt sind leer, Anschauungen ohne Begriffe sind blind. Daher ist es eben so notwendig, seine Begriffe sinnlich zu machen (d. i. ihnen den Gegenstand in der Anschauung beizufügen), als, seine Anschauungen sich verständlich zu machen (d. i. sie unter Begriffe zu bringen)." (Kant, Immanuel: Kritik der reinen Vernunft. Band 1. Hrsg. von Wilhelm Weischedel. Frankfurt/Main 1974. S. 98 (1. Auflage: A 51/ 2. Auflage: B 75).)

[12] Heidegger, Martin: Sein und Zeit. 16. Aufl. Tübingen 1986. S. 52 ff.

[13] Ich verwende darum „Weltbezug" oder „Weltzusammenhang" auch synonym mit „In-der-Welt-sein".

[14] Eine genaue Beschreibung der *prästabilierten Harmonie* findet sich in: Leibniz, Gottfried Wilhelm: Théodicée. 2. Aufl. Aus dem Französischen

von Arthur Buchenau. Hamburg 1968. Und: Ders.: Monadologie. Durchgesehene und erweiterte Aufl. Übersetzt, eingeleitet und erläutert von Hermann Glockner. Stuttgart 1979.

[15] Ich schreibe den Ausdruck „Im-Voraus-sein" nach dem Vorbild von Heideggers „In-der-Welt-sein", also mit Bindestrichen und kleingeschriebenen „sein", um die Verbindung mit diesem Heideggerschen Begriff zu verdeutlichen.

[16] Angemerkt sei hier: Mit der eben erfolgten Beschreibung – so könnte ein Purist behaupten – bin ich wiederum in Zustand 1 gewechselt, was automatisch passiert, wenn man Zustand 2 beschreibt. Denn erst in Zustand 1 können wir den Zustand 2 (nachträglich) erläutern, ob mit „Begründungen" in Form einer erkenntnistheoretischen Untersuchung oder in Form einer Beschreibung, wie ich das gerade tue. Der Unterschied zwischen meiner und einer erkenntnistheoretischen Untersuchung ist aber, dass ich mit meiner Beschreibung nicht den Zustand 1 in einer bestimmten Weise auszeichne, allerdings auch nicht den Zustand 2. Denn in Zustand 2 interessiert uns die Frage nach einer Begründung noch gar nicht, da hier noch keine Werkzeuge der Differenzierungen gegeben sind, sondern alles eins ist. Darum versuche ich mit meiner Beschreibung zwischen den beiden Zuständen offen hin und her zu wechseln, um so den Boden für Zustand 3 zu bereiten. Kurz: Ich trenne nicht und habe in keiner Weise den Anspruch, Gewissheit über meinen Gegenstand zu erzielen.

[17] Ich benutze den Begriff „Ausbilden" sowohl transitiv als auch intransitiv, um den nicht-kontrollierbaren Prozess dabei zu verdeutlichen, bei dem es genaugenommen keine Subjekt-Objekt-Trennung gibt.

[18] Das impliziert auch, dass es bei diesen Fähigkeiten keine Trennung in ethische und dianoëtische gibt, wie sie Aristoteles in seiner Tugendeinteilung macht (siehe Aristoteles: Nikomachische Ethik. Ergänzte Aufl. Stuttgart 1983. Aus dem Griechischen von Franz Dirlmeier. S. 32 ff.). Ich kann darum auch nicht wie Aristoteles angeben, auf welche Weise diese Fähigkeiten genau formbar sind, ob sie durch Gewöhnung wie bei ihm die ethischen Tugenden oder ob sie durch Lehre wie bei ihm die dianoëtischen Tugenden ausbildbar sind (siehe ebd.). Beides wirkt sicherlich auf Fähigkeiten ein, weshalb ich Aristoteles' Tugendlehre auch wahrlich nicht für belanglos halte. Aber seine Einteilungen sind mir insgesamt zu strikt. M. a. W., er versucht damit etwas zu bestimmen, was sich meiner Auffassung nach der Bestimmung entzieht.

[19] Der Zusammenhang der von mir beschriebenen Begriffe „(intuitive) Fähigkeit" und „Akt des Tuns" darf in keiner Weise mit dem Zusammenhang des in der Philosophiegeschichte relevanten Begriffspaars

„Akt/Potenz" u. ä. verwechselt werden (siehe dazu Gründer, Karlfried [Begr.]: Historisches Wörterbuch der Philosophie. Band 1. Darmstadt 1971. S. 134–142 [Stichwort: Akt/Potenz]. Und: Heidegger, Martin: Nietzsche. 2 Bände. 6. aktualisierte Aufl. Stuttgart 1998. Band 2. S. 203 ff. und S. 363–383). Im Akt des Tuns realisiert sich keine Kraft oder ein Wissen und wird zur Wirklichkeit (actualitas). Auch sollte klar sein: Fähigkeiten sind nie Ursachen von Akten. Wenn ich darum davon spreche, dass das Entscheidende der Akt des Tuns ist, bedeutet das nicht, dass die im Tun realisierten Fähigkeiten das Ausschlaggebende sind. Denn diese sind nicht angebbar. Diese Fähigkeiten genauso wie der Akt des Tuns entziehen sich nämlich ständig. Beide Teile bleiben gerade in ihrer scheinbaren Präsenz verborgen. Uns bleibt nur übrig, dies – und damit das Im-Voraus-sein unseres Weltbezugs – zu akzeptieren. Gelingt uns das, dann sind wir paradoxerweise glücklich.

20 Dabei sollte man sich natürlich zuerst einmal klar machen, was in meiner Abhandlung *subjektiv* und *individuell* bzw. *Subjekt* und *Individuum* unterscheidet: Ein Subjekt kann man nur in Zustand 1 in Abtrennung von einem Objekt sein. Während man ein Individuum sowohl in Zustand 1 als auch in den beiden anderen Zuständen sein kann bzw. ist.

21 Ich komme zum Problem des *Ich* noch ausführlich zurück, wenn ich in Kapitel 4 seine *zementierte* Variante, das *Ego*, bespreche.

22 Unter diesen „scheinbaren Determinanten des Seins" verstehe ich z. B. unser menschliches Vermögen zur Vernunft oder auch unsere bloße Existenz.

23 Popper, Karl: Objective Knowledge. Oxford 1972.

24 Aristoteles: Metaphysik. Bibliographisch ergänzte Ausgabe. Stuttgart 1984. Aus dem Griechischen übersetzt und hrsg. von Franz F. Schwarz. Buch IV. Kap. 3–8. S. 88–111.

25 Siehe dazu Jauch, Josef Maria: Die Wirklichkeit der Quanten. Ein zeitgenössischer galileischer Dialog. München 1973. Aus dem Englischen von Friedel Backwinkel und Marina Guenin.

26 Siehe hierzu z. B. Heidegger, Martin: Nietzsche. Band 1. S. 536 ff.

27 Ich komme darauf in Kapitel 4 noch ausführlich zu sprechen.

28 Zwar heißt das nicht, dass in dieser ersten Richtung Verbindungen der reinen Staatslehre zu einer Kosmologie oder auch zu individuellen religiösen Ansichten fehlen. Aber diese stehen nicht im Vordergrund und machen – wie z. B. im Fall von Morus' „Utopia" – den Staat der Utopier nicht zum vorbildlichen Staat, sondern sie werden deutlich als Mittel zum Zweck des Gemeinwohls gesehen. So wird bei Morus der Glaube an die Unsterblichkeit der Seele und an die göttliche Vorsehung mit Belohnung

der guten und Bestrafung der schlechten Taten in der anderen Welt mit folgenden Worten als dem Gemeinwohl des Staates dienend begründet: „nur eines hat er [Utopus, der Begründer des Staates Utopia; G. K.] feierlich und streng verboten, daß einer so tief unter die Würde der menschlichen Natur sinke, daß er meint, die Seele ginge zugleich mit dem Leibe zugrunde oder die Welt treibe aufs Geratewohl und ohne göttliche Vorsehung ihren Lauf. Und deshalb glauben die Utopier, daß nach diesem Leben Strafen für unsere Verfehlungen festgesetzt, Belohnungen für unsere Tugenden uns bestimmt sind. Wer das Gegenteil glaubt, den zählen sie nicht einmal unter die Menschen [...]; noch viel weniger denken sie daran, ihn unter die Bürger zu rechnen: würden ihm doch alle bürgerlichen Einrichtungen und moralischen Grundsätze keinen Pfifferling gelten, wenn ihn nicht die bloße Furcht in Schranken hielte. Oder kann es jemandem zweifelhaft sein, daß er versuchen würde, die Staatsgesetze seines Landes entweder heimlich und mit List zu umgehen oder mit Gewalt umzustoßen, sofern das seinen privaten Wünschen dienlich wäre, da er ja über die Gesetze hinaus nichts fürchtet, über sein körperliches Leben hinaus nichts erhofft? Deshalb wird einem so Gesinnten [im Staat der Utopier; G. K.] keine Ehre zuteil, kein obrigkeitlicher Posten übertragen, er kann kein öffentliches Amt versehen." (Morus, Thomas: Utopia. Stuttgart 1983. Übersetzt von Gerhard Ritter. S. 130 f.) Entscheidend für diese Richtung ist also die Ausgestaltung des Lebens in der Gemeinschaft, und damit die politische und wirtschaftliche Staatsordnung. Darauf beruht ihr Glücksanspruch.

[29] Siehe dazu u. a. die ersten Seiten des „Timaios", in denen „Der Staat" einerseits als Vorgängerdialog ausgegeben und andererseits inhaltlich zusammengefasst wird (Platon: Timaios. In: Ders.: Sämtliche Dialoge. Band VI. Hrsg. und übersetzt von Otto Appelt. Hamburg 1993. S. 29 ff.). Im Übrigen ist bei Platons „Der Staat" sogar eine individuelle Glücks- bzw. Gerechtigkeitslehre der Ausgangspunkt, d. h. hier werden die individuelle und die allgemeine Richtung verbunden (siehe dazu Platon: Der Staat. In: Ders.: Sämtliche Dialoge. Band V. S. 1–46 (1. Buch)).

[30] Beide Richtungen ähneln sich nämlich nicht nur in ihrer kosmologischen Ausrichtung (siehe dazu Nestle, Wilhelm (Hrsg.): Die Nachsokratiker. Jena 1923. Band 1. S. 3–98), sondern sind sich auch hinsichtlich ihrer Lehre des höchsten Gutes und des Glücklichseins näher, als man herkömmlich annimmt. Denn was für die Stoiker die höchste Tugend ist, ist in vieler Hinsicht für die Epikureer die höchste Lust. D. h. die höchste Lust der Epikureer hat beileibe nichts mit dem hemmungslosen Ausleben der Triebe oder einer hedonistischen Rechenkunst zu tun. Allerdings bedeutet

das nicht, dass es keine Differenzen zwischen Stoikern und Epikureern gibt. Kant unterscheidet beide Richtungen z. B. darin, wie sie das Verhältnis von Tugend, Glücklichsein und höchstem Gut betrachten: „Der Stoiker behauptete, Tugend sei das *ganze höchste Gut*, und Glückseligkeit nur das Bewußtsein des Besitzes derselben, als zum Zustand des Subjekts gehörig. Der Epikureer behauptete, Glückseligkeit sei das *ganze höchste Gut*, und Tugend nur die Form der Maxime, sich um sie zu bewerben, nämlich im vernünftigen Gebrauche der Mittel zu derselben." (Kant, Immanuel: Kritik der praktischen Vernunft. Grundlegung zur Metaphysik der Sitten. Hrsg. von Wilhelm Weischedel. Frankfurt/Main 1974. S. 241 (A 202).) Ob Kant damit beiden Richtungen gerecht wird, *möchte* ich einmal dahingestellt lassen. Als diskutierbares Unterscheidungsmerkmal kann es aber in jedem Fall dienen.

[31] Ich gebe hier zu, damit den Hedonismus zu vereinfachen und auf eine quantifizierbare Rechenkunst zu reduzieren. Dabei ist schon die Lehre ihres Begründers — Aristipp von Kyrene, eines Schülers des Sokrates, der zwischen 435 und 355 v. Chr. gelebt haben soll – nicht allein darauf gegründet. Denn Aristipp legt seinen Schwerpunkt nicht auf eine Rechenkunst mit quantifizierbaren Lust- und Unlusteinheiten, sondern für ihn besteht die höchste Lust durchaus im ausgefüllten Leben des Augenblicks (siehe dazu Nestle, Wilhelm (Hrsg.): Die Sokratiker. Jena 1922. S. 34–37 und S. 163–168). Da es aber die Quellen nicht erlauben, ein einheitlicheres Bild zu schaffen, und es mir grundsätzlich nicht um Gewissheit geht, *möchte* ich es bei dieser Darstellung belassen. Allerdings *möchte* ich mit dieser Fußnote erneut deutlich machen, dass meine Beschreibungen ganz und gar nicht als definitiv zu betrachten sind.

[32] Die theoretische Verwirklichung favorisiert er selbstverständlich. Siehe Aristoteles: Nikomachische Ethik. Buch I. S 5–33.

[33] Ebd.

[34] Fichte, Johann Gottlieb: Auswahl in sechs Bänden. 2. Aufl. Hrsg. von F. Medicus. Leipzig 1922. Band I. S. 227.

[35] Karl Jaspers beschreibt diese philosophische Ansicht so: „jeder Ansatz des bestimmten rechten Handelns vor dem erkannten Gesetz gelingt nur in ständiger Erneuerung jenes unwandelbaren ‚Entschlusses‘, durch den die Unbedingtheit im rechten Bedingungsverhältnis der Grundsätze ergriffen wird. Die Tiefe dieses Grundes, in dem der Mensch die Revolution seiner Denkungsart immer neu bestätigen muß – im Ganzen seines Wesens, ohne es anders als in der Bestimmtheit konkreten Tuns verwirklichen zu können –, ist nur zu bewahren, wenn die Verfestigung zu einem Gewußten im Ganzen ausbleibt. Ob die Revolution der Denkungsart ihm

wirklich gelungen ist, kann kein Mensch wissen." (Jaspers, Karl: Das radikale Böse bei Kant. In: Ders.: Über Bedingungen und Möglichkeiten eines neuen Humanismus. Stuttgart 1962. S. 68.)

[36] Trotzdem ist Kants und Fichtes Auffassung meiner näher als z. B. die des Aristoteles, der Epikureer oder der Stoiker, weil sie den *nicht versicherbaren Akt* betonen, auch wenn es ein formal eingrenzbarer Akt des Willens ist und nicht ein offener Akt des Tuns.

[37] So ist es auch nicht verwunderlich, dass in einer der politisch unsichersten Zeiten in Japan, und zwar in der lang anhaltenden Bürgerkriegsepoche während der Kamakara- (1192–1333) und Muromachishogunate (1338–1573), der Zen-Buddhismus in höchster Blüte stand. Also gerade zu einem Zeitpunkt, als die politischen Rahmenbedingungen alles andere als förderlich dazu waren, suchten und fanden viele Menschen Glück. Siehe Dumoulin, Heinrich: Geschichte des Zen-Buddhismus. 2 Bände. Bern u. a. 1985.

[38] Allerdings kann dadurch Stärke nur gefördert, aber nicht erzeugt oder entwickelt werden. Stärke entwickeln kann – siehe Kapitel 4 – nur jeder Einzelne.

[39] Der Akzent liegt dabei auf dem Adjektiv „kausal". Denn eine Verbindung besteht natürlich schon aufgrund der beiden Seiten des Glücks, aber keine kausale „Wenn-dann-Beziehung". Die Verbindung kann deshalb nie genau eingegrenzt werden und bleibt letztendlich offen.

[40] Nicht einmal die scheinbare Voraussetzung des Glücklichseins, das Freisein von Machtinteresse, stellt eine solche Abhängigkeit dar, da diese nicht bewusst oder durch gezielt-gerichtetes Handeln herbeigeführt werden kann, sondern sich nur gleichzeitig mit dem Glücklichsein einstellt.

[41] Marquard, Odo: Apologien des Zufälligen. Stuttgart 1986. S. 117–139.

[42] Ebd. S. 128.

[43] Ebd.

[44] Z. B. gibt es für den Theologen Manfred Seitz noch den *Führungszufall*, der einer bestimmten Disposition zu einem Zufall Rechnung trägt: So könne in der BRD nur ein Jurist einen bestimmten Richterposten bekommen, auch wenn er genauso gut einen anderen hätte bekommen können (siehe Seitz, Manfred: ... das kann doch nicht bloß Zufall sein ... In: Kössler, Henning (Hrsg.): Über den Zufall. Erlangen 1996. S. 113–127).
Im Übrigen rechne ich naturwissenschaftliche bzw. mathematische Verfahren, mit Zufall umzugehen (z. B. in der Stochastik), zu den Versuchen, Zufall verstehbar und legitimierbar zu machen. Es wird so versucht, den Zufall so gut als möglich zu kontrollieren. Dabei wird wiederum aus-

schließlich Zustand 1 unter Ausklammerung der beiden anderen Zustände berücksichtigt. D. h. in Bezug auf Glück gelten auch hier die in Kapitel 2 vorgebrachten Gründe gegen eine Kontrollierbarmachung bzw. Legitimierung des Glücks.

[45] Denn es gibt dafür einerseits keine Hersteller und keine Konsumindustrie, die für uns die Glücksgüter produzieren könnten, und andererseits keine Glücksgurus, die uns glücklich machen können.

[46] Siehe dazu Forschner, Maximilian: Über das Glück des Menschen. Darmstadt 1993. S. 1.

[47] Siehe dazu z. B. Aristoteles: Nikomachische Ethik. Buch I. Kap. 6. S. 16–18.

[48] Allerdings hat auch Aristoteles den Zufall in seiner *eudaimonia*-Auffassung in der „Nikomachische[n] Ethik" nicht völlig vom Glück getrennt. So schreibt er: „Vieles bringt der Zufall, unterschiedlich, Großes und Kleines. Das Kleine, sei es ein Glücksfall, sei es das Gegenteil, greift das Gleichgewicht des Lebens gewiß nicht an. Dagegen kann Großes und häufig Auftretendes, sofern es sich zum Guten entwickelt, das Leben noch glücklicher machen – es ist ja nicht nur als solches dazu geschaffen, das Leben verschönern zu helfen, sondern es kann auch der Gebrauch, den man davon macht, Edles und Wertvolles zeitigen –, schlägt es aber zum Gegenteil aus, so drückt und trübt es die Glücksempfindung; denn es bringt Kummer und hemmt so manchen Ansatz zur Tat. Und dennoch bricht auch darin der Glanz edler Haltung durch, wenn der Mensch zahlreiche schwere Schläge des Schicksals gelassen trägt, nicht aus stumpfem Sinn, sondern weil er edlen Blutes ist und großgesinnt. [...] Ist das richtig, so kann der Glückliche allerdings niemals ins Elend kommen, freilich aber auch nicht zur Vollform des Glückes, wenn ihn nämlich ein Los trifft wie König Priamos." (S. 25 f.)

[49] Ich beziehe mich bei dieser Machtform *nicht* auf Michel Foucault und seine in dem Buch „Sexualität und Wahrheit. Erster Band: Der Wille zum Wissen" vertretene Auffassung (11. Aufl. Frankfurt/Main 1999. Aus dem Französischen von Ulrich Raulff und Walter Seitter), auch wenn ich denselben Begriff wie Foucault verwende. Zwar stimme ich mit Foucault in vieler Hinsicht überein, z. B. in seiner Charakterisierung, dass Macht allgemein durch eine ungleiche Beziehung gekennzeichnet ist (siehe S. 115), hinter der bestimmte Zielsetzungen stehen (siehe S. 124), aber mir geht es in meiner Untersuchung im Gegensatz zu ihm grundsätzlich nicht darum, im Kontext von Macht ein „vielfältig wirkendes Dispositiv" aufzudecken, also „(materielle) Vorkehrungen, die eine strategische Operation durchzuführen erlauben" (S. 35). Vor allem *will* ich mit meiner Charakteri-

sierung von Macht bzw. des Willens zum Wissen nicht wie er falsche Ansichten zur Macht (z. B. die Macht als Gesetz) durch richtige ersetzen (siehe S. 102 ff.). Vielmehr gebe ich nur Hinweise dazu, mit denen ich keinen Wahrheitsanspruch stelle. Allerdings bearbeitet Foucault auch ein anderes Thema als ich. Ihm geht es darum, mit seiner Auffassung vom Willen zum Wissen den differenzierten Bezug zwischen Macht, Wissen und Lust im Diskurs über Sexualität deutlich zu machen (siehe S. 21). Die Bedeutung des Glücks als Zustand der Offenheit interessiert ihn dabei mehr oder weniger nicht. Mich hingegen interessiert in meiner Untersuchung dieser differenzierte Bezug nicht, obwohl ich ihn sehr wohl für wichtig halte. Ich sehe deshalb Foucaults Untersuchung – unter Berücksichtigung der genannten grundsätzlichen Unterschiede – als eine Ergänzung meiner Machtanalysen an.

[50] Auch ich und mein Buch würden diesem Verdikt verfallen, wenn es mir nicht lediglich um Hinweise zum Glück als Akt eines Tuns ginge. Kurz: Mir ist klar, dass ich auf das Glück in diesem Buch nur verweisen, es aber durch Wissen nicht vermitteln kann.

[51] Das gilt mit Einschränkungen auch für Zustand 2, obwohl innerhalb dieses Zustands eine Subjekt-Objekt-Verschmelzung vorgenommen wird und darum kein Ungleichgewicht der Beziehungen feststellbar ist. Aber durch diese Verschmelzung werden Widerstände im Weltbezug ignoriert, was implizit zu einem Ungleichgewicht führt.

[52] „Subjekt" bedeutete damals das „Vorliegende" bzw. den „Gegenstand einer Sache", m. a. W., das, was wir heute das „Reale" nennen, und zwar unabhängig davon, ob im ontologischen, metaphysischen, logischen, grammatikalischen oder wissenschaftstheoretischen Sinne. „Objekt" dagegen bedeutete das in Bezug zum Subjekt „Vorgestellte". (Zur genauen Erläuterung siehe dazu Gründer, Karlfried [Begr.]: Historisches Wörterbuch der Philosophie. Band 10. Darmstadt 1998. S. 374 [Stichwort: Subjekt]. Und: Heidegger, Martin: Zollikoner Seminare. Hrsg. von Medard Boss. Gesamtausgabe Band 89. Frankfurt/Main 1987. S. 128–144.)

[53] Aber natürlich nur begrenzt – für die Zeit im offenen langweiligen Rhythmus – und nicht so wie z. B. Menschen mit großer Zivilcourage es auch in nicht-positiven Erlebnissen erfahren.

[54] Mandela, Nelson: Der lange Weg zur Freiheit. 4. Aufl. Frankfurt/Main 2000. Deutsch von Günter Panske. S. 835 f.

[55] Ebd. S. 654.

[56] Mandelas sonstige Beschreibungen des Gefängnisalltags zeigen, wie sehr es ihm (und einigen seiner Mitgefangenen) gelingt, ihren Rhythmus zu *finden* (ebd. S. 524 ff.). So setzt er im Gefängnis seine juristische und politi-

sche Tätigkeit – angepasst an die dortigen Umstände – einfach fort, was er folgendermaßen auf den Punkt bringt: „Ich befand mich jetzt am Rande des Geschehens, aber ich wußte auch, daß ich den Kampf nicht aufgeben würde. Ich war in einer anderen, einer kleineren Arena, einer Arena in der es als Publikum nur uns selbst und unsere Unterdrücker gab. Wir betrachteten den Kampf im Gefängnis als einen Mikrokosmos des Kampfes insgesamt. Wir würden drinnen genauso kämpfen wie wir draußen gekämpft hatten. Der Rassismus und die Unterdrückung waren die gleichen; ich kämpfte einfach zu anderen Bedingungen." (Ebd. S. 526)

[57] Damit soll die Bedeutung des Bereit-Seins aber nicht geschmälert werden oder die Tatsache bestritten werden, dass es dabei vor allem wichtig ist, richtig bzw. mit dem Richtigen zu synchronisieren. Allerdings gibt es auch dafür keine Gewissheit. Dies bleibt im Endeffekt immer offen. Denn „richtig" heißt hier, wenn eine gleichgewichtige Beziehung erreicht ist und vice versa. Damit wird dies zugegebenermaßen zu einer Tautologie.

[58] Siehe zum Problem „dauerhaftes Glück" auch in Kapitel 5.

[59] Dass mit der Uhrzeit, die als objektive Zeit den Zustand 1 *regelt*, erstens die Zeit auf diskrete, geschlossene Einheiten wie Stunden oder Minuten reduziert und der kontinuierliche Aspekt der Zeit ignoriert wird, ist dafür symptomatisch. Denn die Kontinuität würde alles fließend machen und keine Einschließungs- und Ausschließungsprozesse mehr erlauben. Zweitens ist für die Akzeleration in diesem Zustand symptomatisch, dass für diese objektive Zeit immer kleinere diskrete Einheiten eine Rolle spielen (Nanosekunden etc.), in denen wissenschaftlich-technische Prozesse durchgeführt und gemessen werden. Ich möchte diese Probleme in einer eigenen Veröffentlichung später noch eingehend behandeln.

[60] Unten führe ich mittels eines musikalischen Exkurses noch einen weiteren Aspekt der Radikalisierung des zweiten durch den ersten Zustand an.

[61] Gould, Glenn: Rubinstein [Interview]. In: Vom Konzertsaal zum Tonstudio. Schriften zur Musik 2. Hrsg. von Tim Page. 2. Aufl. München 1992. Aus dem Englischen von Hanns-Joachim Metzger. S. 68 f.

[62] Siehe dazu E. T. A. Hoffmanns wunderbare Satire „Nachricht von einem gebildeten jungen Mann" aus den „Kreisleriana". In: Ders.: Fantasie- und Nachtstücke. Hrsg. von Walter Müller-Seidel u. a. München 1960. S. 297–305. So gibt hier der Ich-Erzähler, ein gezähmter Affe, seiner Brieffreundin folgende Beschreibung vom „Geheimnis" des Klavierspielens: „Du kennst, meine Süße, die etwas länglichen Finger, welche mir die Natur verliehen; mit denen spanne ich nun Quartdezimen, ja zwei Oktaven, und dies, nebst einer enormen Fähigkeit, die Finger zu bewegen und zu rühren, ist das ganze Geheimnis des Fortepianospiels." (S. 302)

[63] Csikszentmihalyi, Mihaly: Flow – Das Geheimnis des Glücks. Stuttgart 1992. Aus dem Amerikanischen von Annette Charpentier.

[64] Siehe dazu gerade Eichmanns Verhalten kurz vor seiner Hinrichtung: „Er war ganz Herr seiner selbst – nein, er blieb ganz er selbst. Davon geben die letzten Worte unter dem Galgen, die er offenbar lange vorbereitet hatte, ein überzeugendes Zeugnis. Sie sind von einer makabren Komik: ‚In einem kurzen Weilchen, meine Herren, *sehen wir uns ohnehin alle wieder.* Das ist das Los aller Menschen. Gottgläubig war ich im Leben. Gottgläubig sterbe ich.‘ Er gebrauchte bewußt die Nazi-Wendung von der Gottgläubigkeit, hatte nur übersehen, daß sie ja eine Absage an das Christentum und den Glauben an ein Leben nach dem Tode besagte. ‚Es lebe Deutschland. Es lebe Argentinien. Es lebe Österreich. Das sind die drei Länder, mit denen ich am engsten verbunden war. *Ich werde sie nicht vergessen.*‘ Im Angesicht des Todes fiel ihm genau das ein, was er in unzähligen Grabreden gehört hatte: das ‚Wir werden ihn, den Toten, nicht vergessen‘. Sein Gedächtnis, auf Klischees und erhebende Momente eingespielt, hatte ihm den letzten Streich gespielt: er fühlte sich ‚erhoben‘ wie bei einer Beerdigung und hatte vergessen, daß es die eigene war. In diesen letzten Minuten war es, als zöge Eichmann selbst das Fazit der langen Lektion in Sachen menschlicher Verruchtheit, der wir beigewohnt hatten – das Fazit von der furchtbaren Banalität des Bösen, vor der das Wort versagt und an der das Denken scheitert." (Arendt, Hannah: Bruder Eichmann. 9. Aufl. München 1999. Aus dem Amerikanischen von Brigitte Granzow. S. 371)

[65] Vergleiche dazu die drei unterschiedlichen Ansätze von so bedeutenden musikalischen Persönlichkeiten wie Nikolaus Harnoncourt, Sergiu Celibidache und Glenn Gould. So ist für Harnoncourt ein musikalisches Werk ein Produkt einer historischen musikalischen Sprache (siehe ders.: Musik als Klangrede. Kassel o. J.), für Celibidache ein einzigartiger unwiederholbarer Akt in Zeit und Raum (siehe Fischer, Matthias u. a.: Gehörgänge. Zur Ästhetik der musikalischen Aufführung und ihrer technischen Reproduktion. München 1986) und für Gould ein technisch reproduzierbares und veränderbares Material, das zeit- und ortsunabhängig ist (siehe ebd.).

[66] Zur genaueren Erklärung: Werckmeister, der von 1645 bis 1706 lebt, korrigiert mit seiner „temperierten Stimmung" bestimmte Intervallabstände. „Er empfiehlt einen Kompromiß von vier temperierten Quinten (*c-g, g-d´, d-a, h-fis´*) und kennzeichnet damit den vorletzten Schritt auf dem Wege einer gleichschwebenden Tonraumordnung. Wesentlich ist, daß sich der Quintzirkel bei ihm erstmals schließt." (Blume, Friedrich (Hrsg.): Die Musik in Geschichte und Gegenwart. Band 14. Kassel u. a. 1968. S. 476 f.)

D. h. aufgrund seiner Temperierung ergeben 12 auf ein *c* gesetzte Quinten erstmals denselben Ton wie sieben daraufgesetzte Oktaven. Beide Intervalle sind nicht mehr durch das *berühmt-berüchtigte* ‚pythagoreische Komma‘ getrennt. Und genau dies hat die pragmatische Konsequenz, dass verminderte und erhöhte Halbtonschritte als identisch angesehen werden können.

[67] Siehe zum Kriterium des Wohlklangs bei Werckmeister auch in Harnoncourt: Musik als Klangrede. S. 76–86.

[68] Siehe ebd.

[69] Eine weitere Ausprägung dafür ist die Einteilung von Ellis. Dieser gliedert in seinem Cent-System von 1885 „den temperierten Halbtonschritt in 100, die Oktave in 1200 Cent [...], um nichttemperierte (vor allem außereuropäische) Tonabstände zu beschreiben [...].“ (Michels, Ulrich: dtv-Atlas zur Musik. Band 1. München 1977. S. 17) D. h. er versucht ein allgemeines System für alle Temperierungen zu etablieren.

[70] Siehe ebd.

[71] Harnoncourt: Musik als Klangrede. S. 76–86.

[72] Heutzutage könnte man statt von „Vereinheitlichungstendenz“ auch von „Globalisierungstendenz“ sprechen.

[73] Selbst Aristoteles gibt seinen diesbezüglichen Ansatz, den er in seiner geschlossenen Ethik (Eudemische Ethik) formulierte, in der „Nikomachischen Ethik“ auf. In der letztgenannten Ethik favorisiert er nämlich deutlich das *kalón*, auch wenn er darin die anderen zwei Ausrichtungen nicht unberücksichtigt lässt (siehe Forschner. S. 23.).

[74] Auch wenn das *kalón* der Stoiker und das *hedý* der Epikureer sehr eng miteinander verknüpft sind (siehe Kap. 2).

[75] Hörning, Karl H. u. a.: Zeitpraktiken. Experimentierfelder der Spätmoderne. Frankfurt/Main 1997.

[76] Auch wenn weder die befragten Probanden noch die befragenden Soziologen die festgestellten Ausrichtungen in Verbindung zu den philosophischen Standardorientierungspunkten *kalón*, *agathón* und *hedý* sehen, sondern in dieser Untersuchung von „kommunikationsbesorgten Skeptikern“, „technikfaszinierten Wellenreitern“ und „zeitjonglierenden Spielern“ die Rede ist (ebd. S. 15 f.).

[77] Diese Glücksansicht hat vielmehr eine jahrtausendalte Tradition. So gibt es z. B. nicht nur im Taoismus und Buddhismus des *Ostens* diese *Glücksansicht*, sondern sie wird auch im *Westen* zumindest teilweise propagiert und gelebt, z. B. von Sokrates und einigen seiner Schülern, vom Skeptiker Pyrrhon, von Dionysius Areopagita, von Montaigne, von Kierkegaard, vom *späten* Wittgenstein, von Heidegger und von den Wachowski Brothers.

[78] Siehe dazu einstweilen Heidegger, Martin: Nietzsche. Und: Ders.: Was heißt Denken? 4. Aufl. Tübingen 1984. Und: Ders.: Wer ist Nietzsches Zarathustra? In: Ders.: Vorträge und Aufsätze. 8. Aufl. Stuttgart 1997. S. 97–122.

[79] Nietzsche, Friedrich: Unzeitgemäße Betrachtungen. 2. Stück: Vom Nutzen und Nachteil der Historie für das Leben. In: Ders.: Werke. Band I. Hrsg. von Karl Schlechta. München 1954. S. 209–285. Siehe dazu als gute Analyse: Figal, Günter: Nietzsche. Eine philosophische Einführung. Stuttgart 1999. S. 50 ff.

[80] Siehe dazu einstweilen Bollnow, Otto Friedrich: Das Wesen der Stimmungen. 8. Aufl. 1995. S. 219–236.

[81] Montaigne, Michel de: Essais. Frankfurt/Main 1998. Aus dem Französischen von Hans Stilett.

[82] Dieser Umstand macht es darum oft schwer, allgemein von *glücklichen* oder *unglücklichen* Menschen zu reden.

[83] Siehe Platon: Theätet. In: Ders.: Sämtliche Dialoge. Band IV. S. 51.

[84] Genaueres zu diesem Paradigmenwechsel siehe in Heidegger, Martin: Nietzsche. Band 2. S. 124–177. Und in: Arendt, Hannah: Vita activa oder Vom tätigen Leben. 8. Aufl. München 1994. S. 267 ff.

Bibliografie

Arendt, Hannah: Eichmann in Jerusalem. 9. Aufl. München 1999. Aus dem Amerikanischen von Brigitte Granzow.

Dies.: Vita Activa oder Vom tätigen Leben. 8. Aufl. München 1994.

Areopagita, Dionysius: Ausgewählte Schriften. München 1933. Aus dem Griechischen von Joseph Stinglmayer.

Aristoteles: Metaphysik. Bibliographisch ergänzte Ausgabe. Stuttgart 1984. Aus dem Griechischen übersetzt und hrsg. von Franz F. Schwarz.

Ders.: Nikomachische Ethik. Ergänzte Aufl. Stuttgart 1983. Aus dem Griechischen von Franz Dirlmeier.

Bentham, Jeremy: The collected works. Edited by J. H. Burns. London 1968 ff.

Blume, Friedrich (Hrsg.): Die Musik in Geschichte und Gegenwart. Kassel u. a. 1949 ff.

Bollnow, Otto Friedrich: Das Wesen der Stimmungen. 8. Aufl. Frankfurt/Main 1995.

Bultmann, Rudolf: Glauben und Verstehen. Band 2. 5. erweiterte Aufl. Tübingen 1968.

Csikszentmihalyi, Mihaly: Flow – Das Geheimnis des Glücks. Stuttgart 1992. Aus dem Amerikanischen von Annette Charpentier.

Derrida, Jacques: Grammatologie. 2. Aufl. Frankfurt/Main 1988. Aus dem Französischen von Hans-Jörg Rheinberger und Hanns Zischler.

Dumoulin, Heinrich: Geschichte des Zen-Buddhismus. 2 Bände. Bern u. a. 1985.

Fichte, Johann Gottlieb: Auswahl in sechs Bänden. 2. Aufl. Hrsg. von F. Medicus. Leipzig 1922.

Figal, Günter: Nietzsche. Eine philosophische Einführung. Stuttgart 1999.

Fischer, Matthias u. a.: Gehörgänge. Zur Ästhetik der musikalischen Aufführung und ihrer technischen Reproduktion. München 1986.

Forschner, Maximilian: Über das Glück des Menschen. Darmstadt 1993.

Foucault, Michel: Sexualität und Wahrheit. Erster Band: Der Wille zum Wissen. 11. Aufl. Frankfurt/Main 1999. Aus dem Französischen von Ulrich Raulff und Walter Seitter.

Ders.: Wahnsinn und Gesellschaft. Frankfurt/Main 1969. Aus dem Französischen von Ulrich Köppen.

Freud, Sigmund: Das Unbehagen in der Kultur. In: Ders.: Studienausgabe Bd. IX. Hrsg. von A. Mitscherlich u. a. Frankfurt/Main 1974. S.191–270.

Gould, Glenn: Rubinstein [Interview]. In: Vom Konzertsaal zum Tonstudio.

Schriften zur Musik 2. Hrsg. von Tim Page. 2. Aufl. München 1992. Aus dem Englischen von Hanns-Joachim Metzger.

Gründer, Karlfried u. a. (Begr.): Historisches Wörterbuch der Philosophie. Darmstadt 1971 ff.

Harnoncourt, Nikolaus: Musik als Klangrede. Kassel o. J.

Heidegger, Martin: Die Grundbegriffe der Metaphysik. Welt – Endlichkeit – Einsamkeit. 2. Aufl. Hrsg. von Friedrich-Wilhelm von Herrmann. Gesamtausgabe Bände 29/30. Frankfurt/Main 1992.

Ders.: Nietzsche. 2 Bände. 6. aktualisierte Aufl. Stuttgart 1998.

Ders.: Sein und Zeit. 16. Aufl. Tübingen 1986.

Ders.: Was heißt Denken? 4. Aufl. Tübingen 1984.

Ders.: Wer ist Nietzsches Zarathustra? In: Ders.: Vorträge und Aufsätze. 8. Aufl. Stuttgart 1997. S. 97–122.

Ders.: Zollikoner Seminare. Hrsg. von Medard Boss. Gesamtausgabe Band 89. Frankfurt/Main 1987.

Höffe, Otfried (Hrsg.): Einführung in die utilitaristische Ethik. 2. überarb. Aufl. Tübingen 1992.

Honnefelder, Gottfried (Hrsg.): Glück. Frankfurt/Main 1992.

Hörning, Karl H. u. a.: Zeitpraktiken. Experimentierfelder der Spätmoderne. Frankfurt/Main 1997.

Hoffmann, Ernst Theodor Amadeus: Sämtliche Werke in fünf Einzelbänden. Hrsg. von Walter Müller-Seidel u. a. München 1960 ff.

Jaspers, Karl: Das radikale Böse bei Kant. In: Ders.: Über Bedingungen und Möglichkeiten eines neuen Humanismus. Stuttgart 1962. S. 53–81.

Jauch, Josef Maria: Die Wirklichkeit der Quanten. Ein zeitgenössischer galileischer Dialog. München 1973. Aus dem Englischen von Friedel Backwinkel und Marina Guenin.

Kant, Immanuel: Werke in zwölf Bänden. Hrsg. von Wilhelm Weischedel. Frankfurt/Main 1974.

Kastenbauer, Georg: Anwenden und Deuten. Kripkes Wittgensteininterpretation und die Goethezeit. München 1998.

Kierkegaard, Sören: Gesammelte Werke. 12 Bände. Aus dem Dänischen von Hermann Gottsched und Christoph Schrempf. Jena 1909 ff.

Kößler, Henning (Hrsg.): Über den Zufall. Fünf Vorträge. Erlangen 1995.

Langenscheidts Taschenwörterbuch der griechischen und deutschen Sprache. 8. Aufl. Begr. von Hermann Menge. Berlin u. a. 1997.

Leibniz, Gottfried Wilhelm: Monadologie. Durchgesehene und erweiterte Aufl. Übersetzt, eingeleitet und erläutert von Hermann Glockner. Stuttgart 1979.

Ders.: Théodicée. 2. Aufl. Aus dem Französischen von Arthur Buchenau. Hamburg 1968.

Mandela, Nelson: Der lange Weg zur Freiheit. 4. Aufl. Frankfurt/Main 2000. Deutsch von Günter Panske.

Marcuse, Ludwig: Philosophie des Glücks. Revidierte und erweiterte Ausgabe. Zürich 1972.

Marquard, Odo: Apologie des Zufälligen. Stuttgart 1986.

Ders.: Glück im Unglück. München 1995.

Michels, Ulrich: dtv-Atlas zur Musik. 2 Bände. München 1977 ff.

Montaigne, Michel de: Essais. Frankfurt/Main 1998. Aus dem Französischen von Hans Stilett.

Morus, Thomas: Utopia. Stuttgart 1983. Übersetzt von Gerhard Ritter.

Nestle, Wilhelm (Hrsg.): Die Nachsokratiker. 2 Bände. Jena 1923.

Ders. (Hrsg.): Die Sokratiker. Jena 1922.

Nietzsche, Friedrich: Werke in drei Bänden. Hrsg. von Karl Schlechta. München 1954.

Patzig, Günther: Ethik ohne Metaphysik. Göttingen 1971.

Platon: Sämtliche Dialoge. Hrsg. und übersetzt von Otto Appelt. Hamburg 1993.

Popper, Karl: Objective Knowledge. Oxford 1972.

Proust, Marcel: Auf der Suche nach der verlorenen Zeit. Ausgabe in zehn Bänden. Frankfurt/Main 1979. Aus dem Französischen von Eva Rechel-Mertens.

Rechtschaffen, Stephan: Du hast mehr Zeit, als du denkst. München 1998. Aus dem Amerikanischen von F. Fritz u. H. Koop.

Schopenhauer, Arthur: Werke in fünf Bänden. Nach den Ausgaben letzter Hand hrsg. von Ludger Lütkehaus. Zürich 1988.

Wachowski Brothers: Matrix (Filmdrehbuch). Hollywood 1999.

Walser, Robert: Lektüre für Minuten. Gedanken aus seinen Büchern und Briefen. Hrsg. von Volker Michels. Zürich 1978.

Wittgenstein, Ludwig: Werkausgabe in acht Bänden. Frankfurt/Main 1984.